GTB
Gütersloher Taschenbücher
1549

Christine Razum,

studierte Germanistik, Kunstgeschichte und Theaterwissenschaft. Sie arbeitete lange Zeit als Schauspieldramaturgin und lebt heute als freie Journalistin in Hannover.

Die schönsten Advents- und Weihnachtsgeschichten

Kindern erzählt

Herausgegeben von Christine Razum

Gütersloher Verlagshaus

Originalausgabe

Die Deutsche Bibliothek CIP-Einheitsaufnahme

Die schönsten Advents- und Weihnachtsgeschichten : Kinder erzählt. –
Orig.-Ausg. – Gütersloh : Gütersloher Verl.-Haus, 1999
(Gütersloher Taschenbücher ; 1549)
ISBN 3-579-01549-4

Dieses Werk folgt der reformierten Rechtschreibung und Zeichensetzung.
Ausnahmen bilden Texte, bei denen künstlerische, philologische oder
lizenzrechtliche Gründe einer Änderung entgegenstehen.

ISBN 3-579-01549-4
© Gütersloher Verlagshaus, Gütersloh 1999

Das Werk einschließlich aller seiner Teile ist urheberrechtlich geschützt.
Jede Verwertung außerhalb der engen Grenzen des Urheberrechts-
gesetzes ist ohne Zustimmung des Verlages unzulässig und strafbar.
Das gilt insbesondere für Vervielfältigungen, Übersetzungen,
Mikroverfilmungen und die Einspeicherung und Verarbeitung in
elektronischen Systemen.

Umschlaggestaltung: INIT, Bielefeld, unter Verwendung einer Fotokarte.
Satz: Weserdruckerei Rolf Oesselmann GmbH, Stolzenau
Druck und Bindung: Clausen und Bosse, Leck
Gedruckt auf chlorfrei gebleichtem Werkdruckpapier
Printed in Germany

Inhalt

Die kleine Tanne 9

Elisabeth Zöller
Nikolaustag 10

Tilde Michels
Eine wahre Geschichte vom Nikolaus 12

Wolfram Eike
Der Nikolausstiefel 16

Elisabeth Zöller
Der Nußknacker 18

Detlev Block
Wie aus dem Sonnenfest ein Christfest wurde 20

Alfons Schweiggert
Der winzige Christbaum 22

Renate Welsh
Lisa und ihr Tannenbaum 24

Tilde Michels
Die Ruppriche 27

Isolde Heyne
Ein Christbaum auf Rädern 30

Gina Ruck-Pauquèt
Ohne Tannenbaum und Schnee 33

Fried Noxius
Etwas bleibt 37

Janosch
Ein Geschenk für den Vogel 40

Detlev Block
Martin sucht das Christkind 43

Gudrun Pausewang
Ob die auch Weihnachten feiern? 46

Margret Rettich
Post für den alten Mann 48

Werner Bergengruen
Die Hirten 51

Hans-Joachim Uhle
Zwei verschlafen die Heilige Nacht 53

Selma Lagerlöf
Die Heilige Nacht 58

Gudrun Mebs
Frieden auf Erden 62

Margret Rettich
Die Engelsgeschichte 64

Jürgen Banscherus
Einsam nur der Esel wacht 68

Josef Guggenmos
Das Eselchen 80

Gertrud Fussenegger
Die Heilige Nacht 81

Elisabeth Borchers
Die Weihnachtsgäste des Herrn Schwarzhut 85

Gudrun Pausewang
Der oberste Brief auf dem Stapel 88

Gudrun Mebs
Annes Geschenke 91

Der Tannenbaum 94

Irmgard von Faber du Faur
Das Kind begegnet dem Igel 95

Quellenverzeichnis 96

Die kleine Tanne

Auf der Lichtung im Wald steht eine kleine Tanne.
Sie ist schön gewachsen und streckt ihre Äste nach allen Seiten aus.
Wie der Förster über die Lichtung geht, bleibt er vor der kleinen Tanne stehen und sagt: »Wenn sie so gut weiterwächst, wird sie einmal ein stattlicher Christbaum für den Marktplatz.«

Im Winter ist alles dick verschneit.
Da kommen drei hungrige Tiere zur kleinen Tanne.
Der Hase will die Nadeln fressen,
Das Reh will an der Rinde knabbern.
Die Maus will an den Wurzeln nagen.

»Nichts abfressen! Laßt mich heil!« sagt die kleine Tanne.
»Ich will einmal ein stattlicher Christbaum für den Marktplatz werden.
Da drüben steht doch die Futterraufe vom Förster.«
Aber der Hase frißt trotzdem ein bißchen von den Nadeln.
Und das Reh knabbert von einem Ast die Rinde ab.
Und die Maus nagt ein bißchen an den Wurzeln.
»Danke«, sagen die Tiere, »das hat gut geschmeckt.
Und man sieht fast gar nichts.«
Und sie gehen zur Futterraufe hinüber.

(Verfasser unbekannt)

Elisabeth Zöller
Nikolaustag

Am Morgen des sechsten Dezember werden die Kinder ganz früh wach. Warum wohl? Weil der Nikolaus kommt. Der 6. Dezember ist der Nikolaustag.

Laura wird wach, als alles noch ganz, ganz dunkel ist. Und sofort weiß sie wieder: Heute kommt der Nikolaus.

Sie liegt im Bett und ihr Herz klopft. Ob sie mal nachsehen soll?

Vorsichtig klappt sie die Bettdecke zur Seite. Vorsichtig öffnet sie die Tür und schleicht die Treppe hinunter. Die Treppe knarrt. Oh je. Sie lauscht. Aber es bleibt still im Haus. Sie schleicht weiter nach unten, am Fuß der Treppe stehen ihre Stiefel. Sie weiß genau, wo sie sie hingestellt hat. Im Dunkeln tappst sie an der Wand entlang. Aber der Schuh ist leer. Das kann doch nicht sein!

Sie lauscht. Alles ist noch still im Haus.

Und wenn jetzt auf einmal das Licht angeht und da steht jemand und will den Schuh füllen?

Laura bekommt Herzklopfen und schleicht ganz schnell in ihr Bett zurück. Sie kann vor Aufregung nicht mehr schlafen. Da hört sie ein Rascheln im Haus und Schritte. Am liebsten möchte sie jetzt hochspringen und nach unten rennen.

Da öffnet sich die Tür. Das Licht geht an.

»Denkt nur, der Nikolaus war da!« ruft Papa.

Klaus und Laura springen aus den Betten und rennen die Treppe hinunter. Da stehen die Stiefel mit Apfelsinen, Äpfeln und Nüssen gefüllt.

Als sie am Frühstückstisch sitzen, fragt Klaus: »Wie war das eigentlich mit dem heiligen Nikolaus?«

»Oh, der weiß das nicht!« stöhnt Laura und tippt sich an die Stirn. Dann erzählt sie von Nikolaus, der ein reicher Bischof war und einer armen Familie heimlich Geld ins Fenster legte, damit sie sich Essen und Kleider kaufen konnten. Er wollte nicht, dass die Armen hungerten und ihre Kinder frieren mußten.

»Und seitdem bekommen Kinder und Arme am Nikolaustag Geschenke«, sagt Mama.

»Basta!« ruft Klaus. Und lacht. Er hat eine Idee.

»Komm, wir spielen Nikolaus«, sagt er. Er flüstert Laura etwas ins Ohr. Dann ziehen sich die beiden die dicken Jacken an und sagen: »Wir müssen mal eben fort.«

Sie haben eine Tüte in der Hand. Hinten an der Brücke steht immer ein Bettler, dem geben sie die Tüte. Sie haben Apfelsinen, Äpfel und Nüsse reingetan.

»Vom Nikolaus«, sagt Klaus. »Eine Hälfte für dich und eine Hälfte für uns.«

Der Bettler freut sich.

Als sie nach Hause gehen, denkt Laura nach.

»Schade, dass wir ihm kein Geld geben können wie der heilige Nikolaus!« seufzt sie.

»Aber wir haben ihm ein bisschen zu essen gegeben«, tröstet Klaus sie. »Und ein bisschen ist mehr als gar nichts!«

Tilde Michels
Eine wahre Geschichte vom Nikolaus

»Papi, erzähl' was vom Nikolaus!« verlangt Julia.
»Da muß ich erst drei Sekunden nachdenken«, sagt der Vater.
Julia zählt: »Eins ... zwei ... drei.«
»Du hast zu schnell gezählt«, behauptet der Vater. »Noch mal!«
»Eiiins ... zweiii ... dreiii. Weißt du jetzt was?«
»Mal versuchen«, sagt der Vater und dann beginnt er:
»Am Sechsten kommt der Nikolaus,
der stapft im Schnee von Haus zu Haus,
und auf dem Rücken huckepack
trägt er den Pfefferkuchensack.«

»Nein!« ruft Julia. »Kein Gedicht. Nicht so mit Laus und Haus. Lieber eine richtige Geschichte.«
»Schade«, sagt der Vater. »Auf Nikolaus hätte ich noch viel reimen können: Maus, Graus, Schmaus, Saus, Braus, kraus, Strauß ...«
»Nein, nicht sowas!« unterbricht Julia. »Eine richtige Geschichte!«
Der Vater überlegt noch mal kurz. »Also gut«, sagt er. »Da habe ich gerade gestern was Passendes erlebt. Als ich abends auf den Bus wartete, stand noch ein anderer Mann an der Haltestelle. Er hatte einen Pelzmantel an und eine rote Zipfelmütze auf.«
»War er jung oder alt?« will Julia wissen.
»Ziemlich alt. Wie alt genau konnte ich nicht erkennen, weil es schon dunkel war. Außerdem trug der Mann einen dichten Vollbart. Der Bus kam ewig nicht und wir trippelten alle beide eine Weile nebeneinander hin und her – wegen der Kälte, weißt

du. Schließlich redete mich der Mann an. ›Verzeihen Sie‹, sagte er, ›warten Sie auch auf den Bus Linie 24?‹ – ›Ja‹, habe ich geantwortet. – ›Fahren Sie vielleicht auch zum Bonner Platz?‹ fragte er weiter und ich habe wieder ›ja‹ geantwortet. ›Kennen Sie die Weberstraße?‹ erkundigte er sich. – ›Gewiss‹, habe ich gesagt, ›da wohne ich.‹ – ›Kennen Sie vielleicht auch eine Familie Sipperling?‹ fragte er.«

Julia blickt erstaunt auf. »Woher wußte er denn unsern Namen?«

Aber der Vater geht nicht auf die Frage ein und erzählt weiter: »›Sipperling‹, habe ich zu dem Mann gesagt, ›heiße ich selber. Darf ich wissen, mit wem ich die Ehre habe?‹ Da spuckte der Mann kräftig in den Rinnstein und sagte: ›Ich bin der Nikolaus und ich bin auf dem Weg zu ihrer Tochter.‹«

»Zu mir?« ruft Julia erstaunt.

»Ja, das hat er gesagt«, bestätigt der Vater.

»Und das war gestern?«

»Jaja.«

»Er ist aber nicht zu mir gekommen«, sagt Julia. »Und überhaupt, ich glaub' gar nicht, dass der Nikolaus an der Haltestelle gestanden hat. Das hast du dir nur ausgedacht.«

Der Vater lacht. »Natürlich habe ich mir das ausgedacht. Mühsam in meinem Kopf für dich ausgedacht.«

»Ich will eine andere Geschichte, keine ausgedachte«, fordert Julia.

»Du hast aber gesagt, sie muß vom Nikolaus handeln.«

»Ja.«

»Vom Nikolaus und nicht ausgedacht ... Du, das ist ziemlich schwer.«

»Das macht nichts«, sagt Julia.

Diesmal denkt der Vater lange nach. »Also da wüsste ich ...«, sagt er endlich, »mal überlegen! Ja, da wüsste ich eine Geschichte, aber ...«

»Was aber?« fragt Julia.
»Sie ist wahr.«
»So eine will ich. Erzähl!«
»Sie spielt im Warenhaus«, sagt der Vater.
»Wieso spielt?« erkundigt sich Julia. »Ist das doch schon wieder ausgedacht?«
»Nein, bestimmt nicht«, beteuert der Vater. »Ich habe mich schlecht ausgedrückt. Es muss heißen: sie hat sich im Warenhaus abgespielt.«
»Erzähl schon!«
Und der Vater erzählt: »Am 6. Dezember sind immer viele Nikoläuse unterwegs.«
»Weiß ich«, sagt Julia. »Die sind verkleidet und gehen zu den Kindern.«
»Richtig, aber nicht nur zu den Kindern. Es gibt auch Geschäfte, die sich einen Nikolaus bestellen. Der soll ein bisschen Weihnachtsstimmung machen für die Kunden.«
»Ist das schon die Geschichte?« fragte Julia.
»Ja«, sagt der Vater. »Im vorigen Jahr nämlich hat sich ein fremder Nikolaus unter die Leute gemischt und ist durch das Warenhaus am Hauptplatz geschlendert. Er hat allen Leuten freundlich zugenickt und den Kindern die Hand gegeben. Und jeder sagte: ›So ein netter Nikolaus!‹
Am Abend aber – kurz bevor das Warenhaus schloß – sagte der fremde Nikolaus: ›So, jetzt will ich dem Oberkassierer noch einen kleinen Besuch abstatten. Der Oberkassierer soll auch mal eine Freude haben.‹ Da sagten wieder alle: ›So ein netter Nikolaus!‹
Der Fremde ging also in die Hauptkasse, wo der Oberkassierer gerade das viele Geld zählte, das im Warenhaus an diesem Tag eingenommen worden war. Er grüsste freundlich, dann öffnete er seinen Nikolaussack und sagte lachend: ›Sie erlauben doch einen kleinen Nikolausscherz?‹ Dabei grapschte er die Geld-

scheine, die in Stapeln auf dem Tisch lagen, und steckte sie in seinen Sack.
Der Kassierer lachte zuerst auch. Als der Nikolaus aber den gefüllten Sack über die Schulter warf und freundlich grüssend zur Tür ging, kamen dem Kassierer Bedenken. ›Halt!‹ rief er. ›So weit dürfen Sie den Scherz nicht treiben. Das Geld muss im Kassenraum bleiben.‹
Da drehte sich der fremde Mann um, zog eine Pistole aus seinem Nikolausmantel und sagte gar nicht mehr freundlich: ›Das ist kein Scherz. Das ist ein Überfall. Rühr' dich nicht, sonst knallt's.‹
»Der Kassierer wagte nicht auf den Alarmknopf zu drücken oder um Hilfe zu rufen. Er starrte den Räuber im Nikolausgewand an, der sich langsam rückwärts aus der Tür bewegte und dabei die Pistole auf ihn gerichtet hielt.«
»Uiii!«, ruft Julia, »war das wirklich ein echter Räuber?«
»Ein echter«, sagt der Vater. »Erst als er verschwunden war, löste der Kassierer das Alarmsignal aus.«
»Und da«, sagt Julia, »da haben sie ihn geschnappt.«
Der Vater schüttelt den Kopf. »Sie haben ihn nicht geschnappt. Der Räuber war wie von der Erde verschluckt mit seinem Geldsack. Nur die Nikolausmütze und der Mantel und der weiße Bart lagen auf dem Fußboden in der Porzellanabteilung.«
»Die hatte er fortgeworfen, gell?«
»Natürlich, damit ihn keiner erkannte.«
Julia holt tief Luft und sagt: »Toll, Papi. Aber weißt du ... eigentlich .. eine richtige Nikolausgeschichte ist das nicht.«
Und der Vater erwidert: »Eigentlich nicht. Aber sie ist wahr und das wolltest du doch ... oder?«

Wolfram Eicke
Der Nikolausstiefel

Es war zu einer Zeit, da gab es den Nikolaus zwar schon, aber er war noch nicht *der* Nikolaus, sondern er hieß einfach Nikolaus. Das war damals ein ganz gebräuchlicher Vorname wie heute zum Beispiel Klaus, was ja nichts anderes ist als die Abkürzung von Nikolaus.
Der Nikolaus wanderte eines Tages, es war übrigens der 6. Dezember vor ganz, ganz vielen Jahren, in einen tiefen verschneiten Wald. Es war so kalt, dass sich an seinem Bart richtige Eiszapfen bildeten. Der Nikolaus trug einen dicken, warmen, roten Wintermantel sowie pelzgefütterte Stiefel. Damit seine Ohren nicht kalt würden, hatte er eine große rote Mütze übergezogen.
Wie er so mit großen Schritten durch Eis und Schnee stapfte, traf er plötzlich ein kleines, halb erfrorenes Kind, das ganz allein durch den düsteren Schneewald lief und jämmerlich weinte.
»Warum weinst du denn so?« fragte Nikolaus.
Das Kind schluchzte: »Beim Spielen im Wald habe ich meine Freunde verloren und jetzt kann ich den Weg nach Hause nicht mehr finden. Und ausserdem habe ich Angst, nach Hause zu gehen!«
Das Kind schlug die Augen zu Boden und erst jetzt sah der Nikolaus, dass es nur einen Stiefel anhatte; das andere Füsschen war barfuß und schon ganz blau vor Kälte. »Ich habe meinen anderen Stiefel verloren«, sagte das Kind, »und wenn mein Vater das hört, bekomme ich Schläge. Er kann mir keine neuen Stiefel kaufen, denn wir sind sehr arm!«
»Wie ist es denn passiert, dass du den einen Stiefel verloren hast?« wollte Nikolaus wissen.
Ich hatte mich ja verlaufen und plötzlich war der Weg zu Ende.

Vor mir war ein tiefer Graben. Da bekam ich Angst und bin in meiner Not einfach über den Graben gesprungen. Als ich auf der anderen Seite landete, bin ich so tief im Schnee eingesunken, dass der eine Stiefel steckenblieb. Ich konnte nur noch den Fuß herausziehen. Dann habe ich versucht, den Stiefel herauszuholen, aber er saß zu fest.« Das Kind begann wieder zu weinen.

Dem Nikolaus tat das frierende Kind leid. Er hob es in seine Arme und wickelte es in seinen roten Mantel, so dass nur noch sein Köpfchen herausschaute. Mit dem Kind in seinen Armen setzte er seinen Weg durch den tief verschneiten Wald fort.

Das Kind war so erschöpft, dass es sehr bald einschlief. Nikolaus lächelte und aufmerksam schaute er nach dem Graben aus, von dem das Kind gesprochen hatte.

Als das Kind nach einiger Zeit vom Nikolaus geweckt wurde, glaubte es seinen Augen nicht zu trauen. In dem mittlerweile dunklen Wald stand auf einem kleinen Schneehügel eine brennende Kerze und in dem geheimnisvoll flackernden Licht sah das Kind – ja was wohl? – den verlorenen Stiefel!

Nikolaus hatte ihn gefunden und ausgegraben. Aber in dem Stiefel war kein Schnee – den hatte Nikolaus herausgeklopft. Der Stiefel war bis oben hin gefüllt mit Nüssen, Apfelsinen und Lebkuchen, die Nikolaus als Wegzehrung dabei gehabt hatte und die er nun dem hungrigen Kind schenkte. Das Kind war so glücklich und dankbar, dass es den Nikolaus einlud, mit zu ihm nach Hause zu kommen.

Das tat der Nikolaus und er kam jedes Jahr wieder und brachte immer einen Stiefel voller Süßigkeiten mit.

Als der Nikolaus sah, wie sehr sich das Kind darüber freute, beschloss er, allen Kindern der Erde eine solche Freude zu machen. Seitdem kennt man ihn als *den* Nikolaus, und der 6. Dezember ist der Nikolaustag. Und als Erinnerung an die Begegnung mit dem Kind im Wald steckt der Nikolaus seine Geschenke auch heute noch in Stiefel.

Elisabeth Zöller
Der Nussknacker

»Weihnachtsnüsse knack' ich gern. Es bricht die Schale, springt der Kern«, singt Laura, als sie am Mittag zur Haustür hereinkommt.
»Das ist ein schöner Spruch«, sagt Oma, die gerade dabei ist, die Schale mit Nüssen aufzufüllen.
Da rennt Laura in ihr Zimmer und holt von ihrer Fensterbank ihren grossen roten Nussknacker. Den hat sie von ihrem Patenonkel geschenkt bekommen. Und er hat auch diesen Spruch dazugesagt: »Es bricht die Schale, springt der Kern.«
»Warum guckt der so grimmig?« fragt Laura.
»Das weiß ich auch nicht!«, sagt Oma.
»Vielleicht ist das schwere Arbeit, die Nuss mit dem Mund zu knacken, dass der einfach immer so gucken muß.«
»Vielleicht«, sagt Oma und holt neue Walnüsse und neue Haselnüsse aus den kleinen Nusssäckchen, die Mama im Advent immer in Vorrat stehen hat.
Laura steckt ihrem Nussknacker eine Nuss in den Mund. Knack, macht er. »Wer hat eigentlich den Nussknacker gemacht?« fragt sie.
»Der kommt aus dem Erzgebirge«, antwortet Oma. »Die Leute dort waren früher sehr arm. Daher fingen sie an, Weihnachtsschmuck zu schnitzen. Denn Holz gab es in den Wäldern ja genug. Sie schnitzten Räuchermännchen, Lichterbogen, Weihnachtspyramiden und eben auch Nussknacker. Alle in der Familie mussten mithelfen. Von früh bis spät schnitzten und drechselten und malten sie.«
»Das würde ich auch gerne machen«, sagt Laura, »mit euch allen.«

Die Oma lächelt und erwidert: »Ja, so als Hobby ist das schön. Aber für die Menschen dort war es harte Arbeit. Sobald die Kinder geschickt genug waren, mussten sie mitarbeiten. Sonst hatte die Familie nicht genug Geld. Oft reichte es kaum für das Nötigste.«

Laura überlegt. »Jetzt weiss ich auch, warum der Nussknacker so ernst und grimmig guckt«, sagt sie.

»Und warum?« fragt Oma.

»Weil er traurig ist, dass die Kinder und alle so hart arbeiten müssen und nicht genug Geld haben«, sagt Laura. Sie schaut den Nussknacker an.

»Vielleicht«, überlegt sie weiter, »hat der Nussknacker das Gesicht von dem Kind, das ihn angemalt hat. Das war auch traurig. Und da hat es gedacht: Das sollen alle sehen.«

Detlev Block
Wie aus dem Sonnenfest ein Christusfest wurde

In der nächsten Stunde will Michael mit einem Mal wissen: »Seit wann feiert man eigentlich das Weihnachtsfest? War das schon immer so?«
»Die Christen«, sagt Herr Otterbach, »haben das Weihnachtsfest erst spät eingerichtet. Über dreihundert Jahre nach Jesus.«
»Und wie kam es dazu?« fragt Stefan.
»In Rom«, erklärt Herr Otterbach, »wurde damals um den 25. Dezember ein großes Fest gefeiert. Es war ein Sonnenfest. Die Sonne wurde nämlich von den Römern als Gottheit verehrt. Könnt ihr euch denken, warum?«
»Die Sonne ist wichtig für die Erde«, sagt Jürgen.
»Wenn es keine Sonne gäbe, könnten Pflanzen und Tiere und Menschen nicht leben«, fügt Jutta hinzu.
»Richtig«, sagt Herr Otterbach und erzählt weiter: »Um diese Jahreszeit sind die Tage kurz. Die Sonne steigt nicht so hoch am Himmel empor und scheint auch nicht so lange. Aber um den 21. Dezember ist der Tiefpunkt überwunden. Die Sonne zeigt sich allmählich wieder heller und länger. Das wussten die Römer. Deshalb feierten sie um diese Zeit den Geburtstag der unbesiegten Sonnengottheit.«

»Das geht ja heute den Leuten auch noch so«, wirft Stefan ein. »Viele Menschen freuen sich, wenn die Tage wieder länger werden und das Licht heller scheint.«
»Ich war letztes Jahr mit meiner Familie in Norwegen«, erzählt Herr Otterbach. »Dort gibt es eine Stadt mit Namen Tromsö. Sie hat von November an ein Vierteljahr lang arktische Nacht.

Stellt euch das einmal vor! Wie müssen die Einwohner aufatmen, wenn die Sonne wiederkommt!«

»Das wäre ja schrecklich, wenn wir ein Vierteljahr Nacht hätten. Dann würde ich in ein anderes Land ziehen«, meint Stefan.

»Aber nun zurück zu Rom und den Christen!« sagt Herr Otterbach. »Die Christen wussten: Die Sonne ist zwar sehr wichtig für uns. Aber sie ist kein Gott. Sie ist ein Stern, den Gott geschaffen hat. Wir verehren den wahren Gott. Er hat uns seinen Sohn, das Christuskind, geschenkt. Der macht unser Leben hell und warm. Er ist für uns wie eine große Sonne, die nie untergeht und immer bei uns bleibt.«

»Jetzt weiß ich«, meldet sich Jutta, »die Christen gaben dem Sonnenfest der Römer einen ganz anderen, neuen Sinn. Das Christuskind ist die Sonne. Darum wird es auch oft mit einem hellen Schein um den Kopf gemalt.«

»So ist es«, bestätigt Herr Otterbach. »Die Christen legten das Geburtsfest des Christuskindes auf das Sonnenfest der Römer. Und dieses Fest ist zum schönsten und größten Fest der Welt geworden.«

Alfons Schweiggert
Der winzige Tannenbaum

Es war einmal ein winziger Tannenbaum. Der war so klein wie ein Streichholz, nicht größer. Er hatte überhaupt keine Aussichten, ein Christbaum zu werden. Alle großen Leute wollten nämlich große Bäume, einen Meter fünfzig bis zwei Meter groß und keinen zündholzkleinen Tannenbaum.
So stand nun die winzige Tanne auf dem Christbaummarkt und wartete und wartete. Der Heilige Abend kam immer näher. Alle großen Tannen um sie herum waren schon verkauft. Der Weihnachtsbaumverkäufer kehrte bereits alle abgebrochenen Zweige und Äste zusammen, um sie in den Abfalleimer zu werfen.
Gerade wollte er auch den Tannenwinzling aufkehren. Da – sirr – zischte ein glühwürmchengroßes Englein vorbei, packte den kleinen Baum am Wipfel, und – hui – war es mit ihm schon auf und davon.
Der funkengroße Engel flog von Haus zu Haus und blickte in die Zimmer, in denen schon überall prachtvoll aufgeputzt die großen Christbäume standen. Plötzlich flog er an einem dunklen Fenster vorbei. Als er genauer hineinblickte, sah er eine alte, kleine Frau am Tisch sitzen. Eine winzige Kerze brannte vor ihr. Dahinter stand eine winzige Krippe, geschnitzt aus Zündhölzern. Leise flog der Engel durchs Schlüsselloch ins Zimmer und stellte den streichholzgroßen Tannenbaum neben die Streichholzkrippe.
Die Frau erschrak, als sie den Engel sah.
Der aber sagte: »Fürchte dich nicht. Ich bringe dir nur diesen Christbaum.« Dann sang er drei fröhliche Weihnachtslieder,

funkte dreimal hell auf und flog durch das Schlüsselloch davon.
»So etwas«, murmelte die alte Frau, »das war die größte Weihnachtsüberraschung in meinem Leben.« Und zärtlich strich sie dem winzigen Tannenbaum über seine winzigen Zweige.

Renate Welsh
Lisa und ihr Tannenbaum

Im Sommer hat Lisa ihn entdeckt: den schönsten Tannenbaum weit und breit. Mitten auf einer Lichtung steht er, ganz allein, hat Äste und Zweige bis zum Boden. Wenn Lisa auf den Zehenspitzen steht, kann sie seinen Wipfel anfassen. Die Nadeln an den Spitzen der Zweige sind hellgrün und weich. Lisa streichelt sie.
Sie stellt sich vor den Tannenbaum und singt: »O Tannenbaum, o Tannenbaum!« Weihnachtslieder singt sie am liebsten im Sommer. »Das wird unser Christbaum«, sagt sie. Die Eltern erklären: »Man darf Bäume nicht einfach abschlagen.«
»Warum?« fragt Lisa.
»Weil sie jemandem gehören«, sagt der Vater.
Lisa will wissen, ob dieser Jemand die Bäume gepflanzt hat.
»Manche«, sagt der Vater. »Manche hat der Wind gesät oder die Vögel ...«
Lisa denkt nach: »Dieser ist ein Wind- und Vogelbaum, der gehört dem Wind und den Vögeln.«
»Und die verkaufen ihn nicht«, sagt die Mutter.
»Aber ich will nur den«, sagt Lisa.
Immer wieder geht Lisa ihren Baum besuchen. Einmal hängt ein Spinnennetz in den Zweigen, darin funkeln ein paar Regentropfen. Lisa bringt eine Glaskugel mit und hängt sie an einen Zweig. Wie schön wird der Baum erst sein mit vielen Glaskugeln, mit Lebkuchen und Schokoladenherzen, mit Kerzen und Sternspuckern!
Es wird Herbst. Das Gras auf der Lichtung ist gelb und braun. Die Birken am Waldrand haben nur noch fünf Blätter. Auf der Spitze des Tannenbaums hängt ein goldenes Birkenblatt. »Bald ist es so weit«, sagt Lisa.

Der Vater holt die Glaskugeln vom Schrank. Die Mutter bastelt Strohsterne und Lisa malt ihrem Nussschalenkind einen roten Mund. Der Vater putzt die Glaskugeln, aus der Schachtel fallen vertrocknete Tannennadeln. Plötzlich erinnert sich Lisa an den Dreikönigstag im letzten Jahr. Sie erinnert sich, wie sie den Christbaum abgeräumt haben. Fast alle Nadeln sind heruntergefallen. Übrig blieben ein trauriger kahler Stamm und traurige kahle Äste und ein trauriges Häufchen grauer Nadeln auf dem Fußboden.
»Morgen holen wir deinen Tannenbaum!«, sagt der Vater. »Ich habe mit dem Förster gesprochen.«
Lisa schüttelt den Kopf. Die Mutter sieht den Vater an. »Warum denn nicht?« fragen beide. Lisa beginnt zu weinen. Die Mutter streicht ihr über den Kopf. Der Vater hebt sie auf seinen Schoß. Lisa schluchzt in seinen Pullover hinein.
Plötzlich sagt die Mutter: »Ich habe eine Idee.«
Am Weihnachtsabend kommen die Großeltern, Tante Carola und Onkel Michael. »Nicht ausziehen«, sagt Lisa. »Warum nicht?«, fragt Oma. Lisa macht ein geheimnisvolles Gesicht. Die Mutter reicht allen Gummistiefel. Oma bekommt noch ein dickes warmes Tuch. Sie steigen ins Auto. Es ist eng im Wagen mit so vielen Menschen drin, eng und schön warm. Der Großvater will wissen, wohin sie fahren, aber die Eltern und auch Lisa verraten nichts.
Am Waldrand bleiben sie stehen. Nebelfetzen wirbeln an den Bäumen entlang. Lisa rutscht auf den nassen Blättern. Es ist dunkel zwischen den Bäumen. Der Lichtstrahl von Vaters Taschenlampe zittert. Dicke Tropfen platschen auf die Nasen. Sie kommen zu der Lichtung. Lisa läuft zu ihrem Tannenbaum. Die Mutter steckt Kerzen an die Äste. Der Vater hängt Nüsse an die mittleren Zweige. Lisa hängt Karotten an die unteren Zweige. Die Mutter hängt Meisenringe an die obersten Zweige. Sie kramt in ihrem Korb. »Wo sind die Streichhölzer?«

Der Großvater zieht sein Feuerzeug aus der Tasche. Er zündet die Kerzen an und die Sternspucker. Dann halten sich alle an den Händen und gucken den Baum an. Oma fängt an zu singen. Sie singen alle Weihnachtslieder, die sie kennen.
Plötzlich lacht Lisa. »Schaut, man sieht unsere Lieder!« Man sieht sie wirklich. Als weiße Fahnen und weiße Kringel in der kalten Luft.
»Hasen!« ruft Lisa. »Eichhörnchen! Meisen! Kommt, euer Christbaum ist fertig!« Kein Hase kommt, kein Eichhörnchen und keine Meise. Lisas Füße werden kalt und kälter. Auch die Großmutter tritt schon von einem Fuß auf den anderen.
Die Mutter sagt: »Ich glaube, die kommen erst, wenn wir weg sind.« Lisa lehnt sich an die Mutter und blickt in die Höhe. Zwischen den Wolken leuchtet ein Stern.
Am nächsten Tag gehen alle noch einmal in den Wald. Die ganze Lichtung ist voll Raureif, jeder Grashalm, jede Distel. Auch der Christbaum ist voll Raureife. Alle Nüsse sind weg. Eine einzige Karotte hängt noch da und die ist zur Hälfte angeknabbert. In die Meisenringe sind große Löcher gepickt. Lisa umarmt einen nach dem anderen.
»Na seht Ihr«, sagt sie.

Tilde Michels
Die Ruppriche

Als mein Bruder und ich klein waren, fürchteten wir uns immer vor dem Weihnachtsabend. Daran waren die Ruppriche schuld, die zu Weihnachten in der Dämmerung durch unser Dorf zogen. Die Ruppriche waren unheimliche Gesellen in dunklen Kutten mit großen Säcken und rasselnden Ketten. Sie erschienen zu viert oder zu fünft und fegten durch die Straßen wie das wilde Heer mit Poltern und Getöse. In alle Häuser drangen sie ein, in denen Kinder wohnten. Ich habe lange geglaubt, sie seien Unholde aus einer gefährlichen Welt irgendwo tief in den Felsen. Wenn sie in unser Wohnzimmer stapften und ihre Ketten schüttelten, standen mein Bruder und ich gelähmt vor Schrecken. Wir wagten nicht aufzublicken. Wir wollten ihre Fratzengesichter nicht sehen. Dann befahlen die Ruppriche: »Betet, Bürschlein, betet! Sonst kommt ihr in den Sack!«
Mein Bruder war ein Jahr älter; er machte es besser als ich. Er betete laut genug, damit uns die Ruppriche nicht in den Sack steckten. Sie ließen uns lange beten. Hinterher tobten sie noch eine Weile in der Stube herum und suchten mit ihren Stöcken in allen Ecken, ob sich auch niemand verborgen hatte. Schließlich warf einer seinen Sack auf den Boden. Er leerte ihn so ungestüm aus, dass die Äpfel, Nüsse und Pfefferkuchen bis in den hintersten Winkel rollten. Erst als die finsteren Kerle aus dem Haus waren, fing für uns Weihnachten an. So ging es Jahr um Jahr. Die Furcht vor den Ruppriche verdüsterte unsere Freude. Aber dann kam ein Weihnachtsabend, an dem alles ganz anders verlief als sonst. Mein Bruder und ich standen am Fenster. Es war die Zeit, in der die Ruppriche kommen mussten. Wir starrten auf die dunkle Straße und lauschten auf jedes Geräusch.

Plötzlich sagte mein Bruder: »Ich halt's nicht mehr aus. Ich hau ab.« Und ich sagte: »Dann hau ich auch ab.«
Wir stülpten unsere Wollmützen auf und schlichen die Treppe hinab. Auf der Straße hörten wir die Ruppriche rumpeln. Sie waren schon ganz nah. Wir sprangen hinter einen Zaun und kauerten uns in den Schnee. Durch die Zaunlatten konnten wir beobachten, wie die dunklen Gestalten ins Haus vom Brenner Muckel stürmten.
»Bleib still hocken«, flüsterte mein Bruder. »Hier suchen sie uns nicht.«
Ich dachte: Jetzt treiben sie's ganz schlimm mit dem Brenner Muckel, und ich war froh, dass ich hinter dem Zaun hockte. Nach einer Weile ging die Tür beim Brenner Muckel wieder auf. Fünf Ruppriche polterten heraus. Und da – da geschah es: Der letzte rutschte auf der verschneiten Haustreppe aus. Er schwankte, stolperte die Stufen hinab und setzte sich mit dem Hintern in den Schnee.
Dann begann er zu fluchen: »Verdammte Trepp'!« schrie er, »Elendsverdammte Hundstrepp'! Is denn kein Sand zum Streu'n da?«
Die andern Ruppriche drehten sich nach ihm um und riefen: »Steh auf und halt's Maul, besoffener Lappsack!«
»Was wollt denn ihr?« schimpfte er zurück. »Ihr Stinkstiefel, ihr dreckigen Stinkstiefel!«
Mein Bruder und ich lauschten starr vor Staunen. – Wir kannten diese Stimme, und wir kannten diese Flüche. Es gab keinen Zweifel: der Rupprich im Schnee war unser Milchfahrer! Und wer die übrigen waren, konnten wir uns auch denken.
»Mensch!« flüsterte mein Bruder. »Der Rupprich is auf'n Arsch gefall'n.«
Ich nickte stumm.
»Mensch!« sagte mein Bruder wieder. »Die Ruppriche sin' nich' echt.«
Ich seufzte vor Erleichterung. Mein Bruder legte mir seinen Arm

um die Schulter, und wir warteten noch eine Weile zusammengekauert in unserm Versteck. Die fünf Ruppriche gingen dicht an uns vorbei. Wir sahen ihre unheimlichem Masken und hörten die Ketten klirren. Aber das machte uns jetzt nichts mehr aus. Als sie im Nachbarhaus verschwunden waren, sprangen wir über den Zaun und rannten heim. Bald darauf kamen die Ruppriche dann zu uns. Sie taten wieder recht furchterregend und brüllten: »Betet, Bürschlein, betet!«
Da sagte mein Bruder: »Ich will nich'.« Und ich sagte auch: »Ich will nich'.« Die Eltern guckten uns verdutzt an. »Was ist denn in die Kinder gefahren?« rief meine Mutter. Wir stellten uns nebeneinander, steckten die Hände in die Hosentaschen und zogen die Schultern hoch.
»Für die da«, sagte mein Bruder und deutete mit dem Kopf nach den Rupprichen, »beten wir nich'.«
»Hohoho!« riefen die Ruppriche, »ihr werdet's schon lernen!«
Einer machte seinen großen leeren Sack auf, die andern kamen auf uns zu, als wollten sie uns ergreifen.
Mein Bruder warf den Kopf zurück: »Ihr seid ja Lappsäcke! Lappsäcke seid ihr!«
»Und Stinkstiefel«, half ich dazu.
Und dann brüllten wir aus Leibeskräften: »Lappsäcke – Stinkstiefel – Lappsäcke – Stinkstiefel – Lappsäcke – Stinkstiefel!«
Zum Schluss warf sich mein Bruder auf den Boden und schrie: »Aua! Verdammte Trepp'! Is denn kein Sand zum Streu'n da?«
Und ich sagte zu ihm: »Du besoffener Lappsack!«
Unsere Eltern begriffen nichts von dem, was vorging. Aber die Ruppriche merkten natürlich, daß wir sie durchschaut hatten. Es machte ihnen keinen Spaß mehr, uns zu erschrecken. Sie packten ihre Säcke und beeilten sich, weiterzukommen. »Nu denn, bis zum nächsten Jahr«, brummten sie.
Von da an haben wir uns nie mehr vor den Rupprichen gefürchtet, mein Bruder und ich.

Isolde Heyne
Ein Christbaum auf Rädern

Kurz vor Weihnachten wurde Trudi krank. Sie musste ins Krankenhaus gebracht werden. Scharlach ist eine ansteckende Krankheit. So durfte niemand zu ihr. Man konnte sie nur durch eine Glasscheibe sehen.
»Sie wird traurig sein«, sagte Heiner zum Vater.
»Sie wird keinen Christbaum haben«, sagte Rena zur Mutter.
»Im Krankenhaus gibt es bestimmt auch einen Christbaum«, tröstete die Mutter.
Eigentlich waren sie alle traurig.
Ihr Christbaum lag schon auf dem Balkon. Er war ein Prachtexemplar und mindestens zweieinhalb Meter hoch. Doch sie hatten keine rechte Freude dran.
»Trudi wird ihn nie sehen«, sagte Rena.
»Und wenn sie im Krankenhaus einen Baum haben, dann höchstens einen ganz mickrigen.«
Heiner lief in diesen Tagen mit einer tiefen Falte auf der Stirn herum. Er merkte deutlich, wie sehr ihm die kleine Schwester fehlte. Und er nahm sich vor: »Ich werde nicht mehr meckern, wenn Mama sagt, ich soll Trudi in den Kindergarten bringen.«
»Ob sie wenigstens mal ans Fenster darf?« fragte Heiner seine Mutter.
»Wenn sie fieberfrei ist – vielleicht. Warum willst du das wissen?«
Auf diese Frage gab Heiner keine Antwort. Nur die Grübelfalte auf seiner Stirn wurde noch tiefer.
Einen Tag vor Weihnachten weihte er Rena, die Mutter und den Vater in seinen Plan ein. »Wir machen einen Christbaum auf Rädern für Trudi.«

»Einen was?« Rena hatte nicht kapiert.
»Wenn wir einen genauen Zeitplan machen, dann ist das gar kein Problem«, meinte die Mutter.
Jetzt begriff auch Rena, was Heiner vorhatte. »Ja, wir bringen den Christbaum einfach zu Trudi ins Krankenhaus.«
»Nein, bloß vor das Krankenhaus, damit sie ihn vom Fenster aus sehen kann.«
»Aber wie bringen wir den Baum dorthin?«
Heiner und der Vater hatten eine Idee. Sie bastelten eine Vorrichtung, mit der man den Christbaum gut auf einem Handwagen befestigen konnte.
»Na, hoffentlich kippt das nicht um«, sagte die Mutter besorgt.
Mit großem Eifer machten sich Rena und Heiner am Heiligabend ans Baumschmücken. Das Ganze fand im Freien statt, denn der geschmückte Christbaum hätte nicht durch die Haustür gepaßt. Es war ziemlich kalt und manchmal fiel Rena eine der glitzernden Kugeln aus den steifen Fingern. Heiner verfilzte das Lametta, aber schließlich wurden sie doch noch rechtzeitig fertig.
»Ihr müßt ganz pünktlich sein«, hatte die Mutter gemahnt. »Ich habe es mit der Oberschwester genau besprochen.«
Nachbarn kamen vorbei und fragten: »Warum habt ihr denn euren Christbaum auf dem Handwagen festgebunden?«
Auf diese Weise erfuhren fast alle in der Straße, dass Trudi im Krankenhaus war. Da wollten sie ihr eine Freude machen. Die Mutter hängte hinten an den Wagen einen Korb an, der sich bald mit Äpfeln, Apfelsinen, Schokolade und Keksen füllte.
Heiner grinste: »Wenn Trudi das alleine aufisst, kriegt sie Bauchschmerzen.«
Sachkundig betrachtete Rena das Gefährt. Ein richtiger Weihnachtswagen war das geworden. Sogar elektrische Beleuchtung hatte der Vater angebracht.
Die dicke Kabelrolle lag gleich mit auf dem Handwagen. Rena schaute auf ihre Uhr. Gleich mußte es losgehen.

Um den Christbaumwagen hatten sich auch Kinder aus der Nachbarschaft versammelt. »Wir kommen mit!« sagten sie. Sie banden an den Handwagen silberne und goldene Girlanden. Nun sah er aus wie ein Prunkwagen mit Gespann.
Als sie pünktlich vor dem Krankenhaus eintrafen, schauten Rena und Heiner an der Mauer hoch. Vier Stockwerke! Aus welchem Fenster würde Trudi schauen? Es waren so viele Fenster und alle sahen gleich aus.
»Da!« rief Heiner.
»Nein, dort!« rief Rena.
Im zweiten Stockwerk tauchten hinter den Fensterscheiben Kindergesichter auf. Manche Fenster wurden sogar geöffnet. Es wurden immer mehr Gesichter. Wie sollte man da Trudi herausfinden!
Da kam die Oberschwester und mit ihr der Hausmeister. Der nahm einfach die Kabeltrommel vom Handwagen und rollte das Kabel aus, bis es zu einer Steckdose reichte.
»So schön war unser Christbaum noch nie«, sagt Heiner.
Es war dunkel geworden. Der Christbaum strahlte um so heller. Der Hausmeister brachte Lampions und verteilte sie unter den Kindern. Richtig festlich war es. Hinter den Fenstern sah man nun unzählige Gesichter, Kinder und auch Erwachsene.
Die Oberschwester sagte: »Lasst uns zusammen ein Weihnachtslied singen. Ich dirigiere!«
Als sie »O Tannenbaum« sangen, fragte Heiner leise: »Aus welchem Fenster guckt denn nun Trudi?«
»Ist doch egal!« flüsterte Rena zurück.
»Sie sieht uns auf alle Fälle. Mama hat ihr doch gesagt, dass wir kommen.«
»Das machen wir nächstes Jahr wieder«, sagte Heiner, »auch wenn niemand von uns im Krankenhaus ist.«
»Na, hoffentlich!« seufzte der Vater. »Aber so ein Christbaum auf Rädern, das ist schon eine feine Sache.«

Gina Ruck-Pauquét
Ohne Tannenbaum und Schnee

Es ist Heiligabend. Weihnachten ohne Tannenbaum und Schnee, ohne Kerzenlicht und Lieder. Keine Geschenke gibt es, keinen Bratenduft und kein Glockengeläut.
Die Frau und der Mann fahren durch Marokko. In diesem Land sind die meisten Menschen Moslems. Sie feiern andere Feste.
Die Frau und der Mann sind schon lange unterwegs.
Die Stadt aus Tausendundeiner Nacht haben sie gesehen. Da gibt es den Platz mit den Gauklern, Trommlern, den Magiern und den Schlangenbeschwörern. Sie haben den Märchenerzählern gelauscht, verzaubert von der Melodie einer Sprache, die sie nicht verstehen.
Sie sind bei den aus Abfall zusammengebauten Hütten der Fischer am Atlantik gewesen und in der Sandwüste, wo die Nomaden mit ihren Dromedaren leben.
Überall, wohin der Mann und die Frau gekommen sind, liefen Kinder herbei. Manche boten Datteln zum Verkauf an, andere bettelten. Marokkanische Kinder spielen selten.
Jetzt steuert der Mann das Auto von der Strasse fort. Ganz langsam holpert der Geländewagen bergan, zwischen schwarzen Granitblöcken hindurch, tiefer in die Steinwüste hinein.
Es ist früher Abend. Bald wird die Dunkelheit fallen wie ein Tuch, das jemand plötzlich losläßt. Vorher muß im Wagen noch umgeräumt werden, damit ein bequemer Schlafplatz entsteht.
Die Raststelle ist gefunden, ein paar Steine werden hinter die Reifen geklemmt. Weit unten, über den Palmenhainen leuchtet der Himmel orange und blutigrot.

Weit unten sind die Menschen, die Tiere und die Autos. Hier oben ist es still.

Die Frau versucht, zwischen Steinen ein Feuer aus Papier und Holzstückchen, die sie im Auto mitgebracht haben, zu entfachen. So können sie Tee bereiten.

Aber da stört ein kleiner Wind, der wie schlaftrunken umhertaumelt. Vielleicht haben sie ihn aus einem Traum aufgeschreckt? Aus welchem?

Die Frau versucht es geduldig wieder und wieder. Der Mann lacht. Aus dem Feuer wird nichts.

Und dann ist plötzlich etwas anderes, ein Geräusch, leise, fern. Oder ist es mehr ein Gefühl?

Von Süden her zieht eine Schafherde quer über den Berghang heran. Es sind viele Schafe, dreissig, fünfzig, oder gar hundert? Die Dämmerung webt ein rosiges Grau ins schwindende Tageslicht.

Da sehen die Tiere unwirklich aus. Es ist, als ob sie fliessen. Als ob die vielen hellen Körper mit verschwimmenden Konturen heranströmen. Wie eine einzige Welle.

Bis sich ein Nebelstreif zwischen das schwarze Gestein und die wogenden Rücken schiebt. Da nähert sich ein schwebender Teppich.

»Das ist nicht wahr«, flüstert die Frau.

»Es sind Hirten dabei«, auch der Mann spricht leise.

Lautlos kommen die Tiere heran. Die Hirten sind Kinder. Es sind sechs kleine Jungen in Jellabahs, den bodenlangen, landesüblichen Gewändern.

Sie wahren Abstand, sind scheu. Sechs schmale Gestalten in sandfarbenen Kitteln zögern. Dunkle Gesichter unter schwarzen Borstenhaaren. Augen wie Brombeeren, die in Milchteichen kullern. Dunkel, groß, wachsam, neugierig.

Als die Frau und der Mann ihnen zulächeln, bleiben die Kinder stehen. Mit ihnen verhält die Herde. Die Jungen lächeln zurück. Die Schafe starren.

Manchmal ist es gut, keine gemeinsame Sprache zu haben. Da kann man nicht nach Namen, nach dem Alter und nach Orten fragen. Nach der Schule kann man auch nicht fragen und so bleibt viel Unwichtiges ungesagt.

Gelegentlich kann Sprache das Beste verdecken: dass man einander spürt.

Der Mann und die Frau teilen ihre Kekse mit den Kindern. Das Brot, das schon alt und hart ist, soll für die Schafe sein. Und während der Himmel drüben über dem Palmenhain grün wird und dann bleigrau, hocken sie beieinander, – die Frau, der Mann und sechs kleine Jungen, an irgendeinem Punkt auf der Erde. An diesem Punkt hier in den Granatbergen, an dem sie sich begegnet sind. Hocken da, umgeben von den Schafen und sind einander gar nicht fremd.

Sind geborgen in diesem kleinen Stück Zeit, das sie miteinander teilen. In einem winzigen Splitter der Ewigkeit.

Dann sind auch die Krümel der Kekse aufgegessen. Eines der Lämmer blökt. Die Kinder müssen weiter. Irgendwo in nördlicher Richtung wird es ein Gehege geben, eine Hütte, ein Zuhause mit einem Herzen aus Licht.

Im Weitergehen teilt der größte der Jungen das alte Brot in sechs Teile. Die Kinder beißen hinein und essen es auf. Brot ist hier nicht für die Schafe.

Der Mann und die Frau schauen der Herde nach, bis sie in der Dunkelheit verschwindet wie in einem Tunnel.

Es ist Heiligabend. Ohne Tannenbaum und Schnee, ohne Kerzenlicht und Bratenduft und Lieder. Aber der Himmel ist weit und mit funkelnden Sternen besteckt.

Lange noch sitzen der Mann und die Frau zwischen den Steinen, sehr still, als gelte es, behutsam zu sein mit dieser Nacht. Sitzen, als trügen sie schlafende Vögel auf ihren Schultern.

Am anderen Morgen stehen sie sehr früh auf. Der Mann baut

ein Nest aus Steinen, in das er die Äpfel legt, die im Auto noch zu finden sind.
Die Frau malt ein Bild von sechs kleinen Jungen in wüstenfarbenen Jellabahs. Das kommt dazu. Dann wird die Bescherung zum Schutz vor den Schafen mit Steinen überdacht und oben eine Papierfahne aufgesteckt.
Als fern, ganz fern die Herde auftaucht, rollt der Wagen langsam den Hang hinab.

Fried Noxius
Etwas bleibt

»Die stammt noch von uns«, sagte der Opa leise.
Die Kiste barg alles, was ein Weihnachtsbaum brauchte: spiegelnde Glaskugeln in verschiedenen Farben, Silberfäden, Figürchen aller Art, die uralte Krippe, die einen Ehrenplatz bekam wie immer, die glitzernde Spitze, vergoldete Nüsse, versilberte Tannenzapfen. Alles das wurde sorgsam aufgehängt, sorgsam wieder abgenommen im neuen Jahr.
»Wenigstens das ist geblieben!« sagte der Opa. »Aber in diesem Jahr wird noch etwas anderes bleiben, wieder auferstehen sozusagen«, erklärte er und lächelte plötzlich. »Dass ich es so lange vergessen konnte!« Er schüttelte den Kopf.
»Was ist das?« fragten Ute und Rolf wie aus einem Mund, doch der Opa schüttelte weiter den Kopf und blieb stumm.

Am nächsten Tag gingen sie gemeinsam zum Einkaufszentrum. Vater war auch dabei.
Die Wahl war schwierig wie eh und je. Der eine Baum war zu dicht, der andere zu schmal, ein dritter hatte ungleiche Zweige. Nach einer geraumen Weile hatten sie doch zwei Bäume, die in die engere Wahl kamen. Vater hielt einen mit der linken Hand fest, den anderen mit der rechten. »Na, welchen nehmen wir?« fragte er.
Die Mehrheit war für den linken. »Das ist gut«, stimmte der Opa zu, doch er verriet nicht, warum er sich so entschieden hatte.
Auf den Baum kamen elektrische Kerzen. Auch das hatte es früher nicht gegeben, aber auch das hatte seine guten Seiten. Stieß jemand an den Baum, fiel er gar um, kroch der zottige Hund darunter, streifte ihn Momo, die Katze, passierte kein Unglück

und die elektrischen Kerzen schimmerten auch schön. Im Handumdrehen konnte man sie leuchten lassen.
»Was hat dich nun an diesem Baum so gereizt, Vater?« wollte die Mama wissen, doch der Opa schmunzelte nur und schüttelte den Kopf. »Das wirst du schon noch sehen«, brummte er. Im Januar des neuen Jahres hatte der schöne Christbaum ausgedient. Er wurde sorgsam all seiner Pracht entkleidet, bis er nackt und kahl dastand. »Er nadelt auch schon«, sagte Ute mißmutig. »O Tannenbaum, o Tannenbaum, wie grün sind deine Blätter. Du grünst nicht nur zur Sommerzeit, nein, auch im Winter, wenn es schneit«, sang sie. »Wieso Blätter?« fragt sie dann. »Er hat doch Nadeln!«
»So raus damit auf den Balkon!« rief Mutter. »Übermorgen ist Abholung. Auf der Straße liegen schon etliche Bäume.«
»Frisst die die Müllkippe? Schluckt die auch Weihnachtsbäume?« wollte Rolf wissen.
»Zu meiner Zeit wurden sie verbrannt«, berichtet der Opa. »Damit erfüllten sie noch einen guten Zweck.«
»Die werden bestimmt verschreddert«, warf Mutter ein. »Zerkleinert, gehäckselt, irgendwo verstreut. Dann sind sie verwandelt und erfüllen auch einen guten Zweck.«
»Das stimmt sogar«, gab der Opa zu. »Ich muß mal Luft schöpfen«, behauptete er dann und ging auf den Balkon. Dort tat er etwas Absonderliches: Er schnitt dem Weihnachtsbaum den Kopf ab! Nicht den Kopf, wohl aber die Spitze. Die versteckte er unter seiner Jacke und verabschiedete sich.
Auf der Straße gingen diese Absonderlichkeiten weiter. Der Opa drehte den einen oder anderen Christbaum hin und her, musterte ihn, schnitt ihm dann ebenfalls die Spitze ab. »Das reicht«, brummelte er schließlich zufrieden und ging heim.
Als er nach ein paar Tagen wieder zu seiner Tochter und den Enkeln Ute und Rolf kam, lächelte er verschmitzt. »Hier habe

ich etwas!« sagte er und wickelte es aus. »Das hatte ich vergessen. Das war bei uns Brauch. Vater suchte deshalb auch immer einen besonderen Weihnachtsbaum aus, einen, der eine besondere Spitze hatte.«

»Quirle!« sagte die Mutter entgeistert. »Was soll ich damit? Ich habe ja einen Mixer!«

»Der ist aber aus Metall und quirlt nicht so sanft, wie er das sollte«, gab der Opa zu bedenken.

»Das stimmt allerdings«, gab sich die Mutter geschlagen.

»Und noch etwas: Der Quirl, so ein Quirl, ist etwas ganz Besonderes«, behauptete nun der Opa. »Es ist die Spitze des Weihnachtsbaumes, des eigenen. Dieser hier ist es. Die anderen stammen von anderen Bäumen, aber alle waren sie Christbäume. Sie haben sich nur verwandelt. Hat man sie in der Hand, schön aus lebendigem Holz, das im Wald gewachsen ist, selbst zurechtgeschnitzt, kann man an Weihnachten denken oder wenigstens an die Natur. Stimmt das etwa nicht? Mein Vater hat meiner Mutter immer einen Quirl aus der Spitze des Weihnachtsbaumes geschnitzt.

Er achtete immer darauf, dass in der Spitze die Zweige rundum regelmäßig standen. So und nun werde ich diese Sitte aufleben lassen. Ihr kriegt von jedem eurer Weihnachtsbäume in Zukunft wieder einen Quirl!«

»Hoffentlich noch recht viele!« sagte die Mutter leise.

Janosch
Ein Geschenk für den Vogel

Nicht weit von Bobrek am Rande des großen Waldes steht ein altes, weißes Haus. Vor dem Haus in dem kleinen Garten wachsen Sonnenblumen, denn Sonnenblumen sind wichtig. Zum Beispiel an den Winterabenden! Die Kälte lauert vor den Türen und die Zeit wird lang. Da sitzt man gemütlich hinter dem Ofen und wartet. Man nimmt einen oder zwei Sonnenblumenkerne zwischen die Zähne, schon vergeht die Zeit schneller und – das ist wichtig – man kann besser denken.
Der Mann, der in dem Hause wohnt – das ist der Onkel Poppoff. Er ist bloß ein einfacher Mensch, aber Onkel Poppoff weiss von allem, was es bedeutet. Er versteht die Hasensprache, er kann lesen, was die Maikäfer auf die Baumblätter schreiben, er versteht, was die Raben mit ihren Flügeln an den Himmel kratzen und kann – was für einen alten Mann nicht einfach ist – die Rotkehlchensprache pfeifen. Kommt durch Zufalle einer an dem kleinen, weißen Haus vorbei, kann es sein, dass er jemanden pfeifen hört. Etwa so: »Tirilili tirilili tirilitirila, prülititi, prülititi prülititi prülita.« – Das ist Rotkehlchensprache und der sie pfeift, das ist der Onkel Poppoff.

Bald kam der Winter über das Land und der Schnee deckt alles zu. Es war genau zu Weihnachten, da ging Onkel Poppoff auf den Vogelmarkt und kaufte einen Vogel. Einen Hänfling.
An diesem Tag war Onkel Poppoff allein. Und weil gerade Markt war im Dorf, zog er seine Handschuhe an, setzte seine Mütze auf und machte sich auf den Weg. Über die Felder, durch den Schnee, in das Dorf und auf den Markt.

In jedem Jahr stand an der gleichen Stelle auf dem Markt der Vogelhändler.
Onkel Poppoff stand lange vor den Käfigen und schaute hinein. Er schaute den Vögeln ins Gesicht, denn an den Augen konnte er erkennen, welchen Vogel er kaufen wollte.
»Der da! Was ist mit dem da?« fragte er den Vogelhändler. Da saß in einem kleinen Käfig auf dem Boden ein kümmerlicher, grauer Vogel. Er schaute vor sich hin und bewegte sich nicht. Wie tot.
»Ist bloß ein Hänfling«, sagte der Vogelhändler, »gewöhnlicher Vogel, singt nicht, piepst nicht, rührt sich nicht vom Fleck. Kostet nicht viel. Einsfuffzig mit Käfig – aber und das sage ich ausdrücklich: ohne Garantie.«
»Käfig hab' ich selber«, sagte Onkel Poppoff, »ohne, was kostet er ohne?«
»Neunzig«, sagte der Mann und Onkel Poppoff besaß auch bloß neunzig, die er gespart hatte.
Er sagte: »Nehm ich« und der Mann steckte den Hänfling in den kleinen Käfig, den der Onkel Poppoff in den Händen hielt. »Ohne Garantie«, rief der Mann ihm nach, »das habe ich gesagt!«
Onkel Poppoff steckte den Käfig unter die Jacke, damit der Vogel nicht fror und ging nach Hause. Er blieb von Zeit zu Zeit stehen, blies warme Luft in den Käfig, nahm ein paar Sonnenblumenkerne aus der Hosentasche, biss sie auf und legte sie dem Vogel hinein.
Zu Hause machte er ein Feuer an, stellte den Vogel auf den Tisch, gab ihm Futter und Wasser und als der Abend kam, saßen sie beide vor dem Feuer und lauschten, ob die Glockentöne schon über das Feld kamen.
Bald hatte sich der Vogel aufgewärmt, da hüpfte er herum und sang ein bißchen.
Die Nacht wurde immer tiefer. Es wurde still in der Stube, das Feuer fiel zusammen.

Dann nahm der Onkel Poppoff den Käfig, trug ihn nach draußen, machte die Käfigtür auf und schenkte dem Vogel seinen Wald wieder.

In dieser Nacht träumte Onkel Poppoff von einem Glockenton, der in den Himmel geflogen war und ein Stern wurde.

Detlev Block
Martin sucht das Christkind

Martin wohnt in einer kleinen Straße in einer großen Stadt. In der Wohnung duftet es heute besonders gut: Martins Mutter backt Plätzchen für Weihnachten. Sie steht in der Küche und formt lauter Sterne aus Teig. Es ist gemütlich zu Hause. Aber Martin hat etwas vor.
Er ruft: »Mutti, ich komme gleich wieder.« Dann nimmt er seinen Mantel und geht los.
Draußen schneit es. Das ist das richtige Wetter für Martins Vorhaben. Will er Schlitten fahren? Will er zu seinen Freunden in den Park? Nein, Martin will das Christkind suchen. Die Leute sagen, bald wird es kommen. Vielleicht ist es schon auf dem Weg zu ihm. Wo soll er es suchen?
»Ich werde die Leute fragen«, denkt er.
Am Kiosk hängen viele Zeitschriften aus. Aus dem kleinen Fenster kommt Wärme. Ein alter Mann sitzt dahinter.
»Können Sie mir bitte sagen, wo das Christkind ist?« fragt Martin.
Der alte Mann zeigt auf seine Zeitschrift. Da ist ganz groß ein Engelsgesicht abgebildet. Aber nein, das will Martin doch nicht. Er geht weiter. An der Haltestelle vor der Post wartet eine Straßenbahn. Martin läuft an den gelben Wagen entlang ganz nach vorn. Die Tür ist offen. Er springt auf das Trittbrett.
Der freundliche Fahrer sagt: »Na, junger Mann, noch mitfahren?«
»Ich suche das Christkind. Haben Sie es gesehen?« fragt Martin.
Der Straßenbahnfahrer lacht über das ganze Gesicht. Dann sagt er: »Wie soll es denn aussehen, dein Christkind? Bei mir stei-

gen jeden Tag viele Kinder ein und aus. Wer weiß, vielleicht ist dein Christkind schon dabeigewesen. Aber jetzt muß ich losfahren. Sonst hat die Bahn Verspätung.«
Martin springt vom Trittbrett herunter. Die Straßenbahn klingelt und fährt langsam ab.
»Jetzt frage ich die Taxifahrerin da«, denkt Martin. Er geht auf den weißen Wagen zu und klopft an die Scheibe.
Die Frau auf dem Fahrersitz dreht die Scheibe herunter und guckt Martin an.
»Guten Tag«, sagt Martin, »haben sie das Christkind gesehen?«
»Du willst mich wohl auf den Arm nehmen, kleiner Schlingel«, erwidert die Frau.
Aber da merkt sie, dass es Martin ernst mit seiner Frage ist. Er sieht sie mit großen Augen erwartungsvoll an.
»Ja, Junge«, sagt sie, »weißt du denn nicht, dass das Christkind vor langen, langen Jahren gelebt hat? Haben euch das eure Lehrer in der Schule nicht beigebracht?« Die Taxifahrerin will noch etwas sagen. Da kommt ein Fahrgast, und sie muss losfahren.
In dichten Flocken wirbelt der Schnee herunter. Der Bürgersteig ist schon ganz weiß. Über der Straße hängen Lichterketten. Aus dem Kaufhaus tönt Weihnachtsmusik: ».. freue dich, Christkind kommt bald.« Martin sieht in die Gesichter der Menschen, die ihm entgegenkommen. Es sind lauter fremde Gesichter, die an ihn vorbeisehen. Viele Leute machen ein ernstes, fast ein wenig mürrisches Gesicht.
»Wenn das Christkind kommt«, denkt Martin, »wird es mich gleich erkennen und anreden. Es wird mich bestimmt fröhlich anlachen.«
Vor einem großen Schaufenster bleibt Martin stehen. Er sieht eine Schaufensterpuppe in einem langen weißen Kleid mit Flügeln. Es ist ein Mädchen mit blonden Haaren, das einen Schlitten hinter sich herzieht. Auf dem Schlitten liegen viele Päckchen. Sie sind in buntes Weihnachtspapier eingewickelt und mit einer

dicken roten Schleife geschmückt. Der Engel – oder ist das gar kein Engel? – trägt eine kleine goldene Krone auf dem Kopf und einen silbernen Gürtel. Unten am Saum des Kleides funkeln lauter winzige Sterne. Sieht so das Christkind aus?

»Schade, dass die Erwachsenen so wenig über das Christkind wissen«, denkt Martin.

Er träumt vor sich hin. »Hallo, Martin!« redet ihn plötzlich eine helle Stimme an. Er dreht sich um, da steht Uwe vor ihm, ein Junge aus der Nachbarschaft. Martin und Uwe haben sich vor ein paar Tagen gestritten. Uwe hat Martin getreten und gehauen und seine Schultasche kaputtgerissen. Martin hat Uwe in den Bauch geboxt und hässliche Worte zu ihm gesagt.

Aber jetzt guckt Uwe ihn fröhlich an und sagt: »Ich wollte gerade zu dir, Martin. Ich schenke dir mein Mickymausbuch mit den tollen Bildern. Hier hast du es.« Er gibt Martin das Buch und fügt hinzu: »Wir wollen doch wieder gute Freunde sein, ja?«

Martin freut sich mächtig. »Klar«, sagt er. »Komm, wir gehen zu uns!« Die beiden laufen um die Ecke. Da sind sie schon in Martins Straße. Die Mutter steht am Fenster und wartet.

»Junge, wo warst du nur? Ich bin schon lange fertig mit Bakken.«

»Mutti, ich habe Uwe mitgebracht. Er hat mir sein Mickymausbuch geschenkt. Guck mal hier! Können wir jetzt die Plätzchen probieren?«

Die Mutter ist froh, dass Martin wieder da ist. Sie bringt den beiden Weihnachtsplätzchen und Orangensaft.

Die Jungen sitzen zusammen und lassen es sich schmecken.

Und das Christkind? Hat Martin es ganz vergessen? Oder ist es doch noch zu ihm gekommen? Was meinst du?

Gudrun Pausewang
Ob die auch Weihnachten feiern?

Neben unserem Haus ist das Hotel *Schwarzer Schwan*. Das stand lange leer. Jetzt wohnen achtzig fremde Leute drin. Die meisten sehen anders aus als wir. Sie haben braune Haut und schwarze Augen und Haare. Asylanten heißen sie. Mutti hat gesagt, wo die herkommen, geht's den Leuten nicht so gut wie bei uns. Da hungern viele.
Auch Kinder wohnen im *Schwarzen Schwan*. Ein paar von ihnen gehen in meine Schule. Sie haben ganz komische Namen. Und sie können nicht so sprechen wie wir. Drei Jungen sind sehr frech, sie strecken die Zunge heraus, stellen anderen das Bein und prügeln sich mit ein paar Jungen von uns herum, die auch so wild sind.
Eines der Mädchen sitzt neben mir. Surija heißt sie – oder so ähnlich. Sie wischt sich die Nase am Ärmel ab, aber sonst ist sie sehr nett. Sie kann besser Springseil springen als ich. In der Pause spielen wir immer zusammen. Im Lesen helfe ich ihr, weil sie noch fast nichts lesen kann. In den Strümpfen hat sie oft Löcher. Sie hat mich schon mal mitgenommen in den *Schwarzen Schwan*. Da hab ich zwischen ihr und ihrer Mutter am Tisch gesessen und hab mitgegessen. Surija hat drei Brüder und eine Schwester. Und ihr Vater hat einen buschigen Schnurrbart.
Zwei Familien sind aus unserem Haus schon ausgezogen, weil sie nicht neben Asylanten wohnen wollen. Aber ich bleib vor dem *Schwarzen Schwan* oft stehen und schaue zu, wie die Asylantenkinder spielen und die Asylanten-Großen miteinander reden. Das ist spannend, auch wenn ich nichts verstehe. Als ob ich in einem fremden Land wäre. In unserem Haus den ande-

ren zuzusehen, ist längst nicht so aufregend. Die leben ja alle ganz ähnlich wie wir.

Aber die im *Schwarzen Schwan*, die machen andere Bewegungen als wir. Die verziehen das Gesicht anders als wir. Bei ihnen reicht das Essen anders und die Kinder sind bis spät abends auf. Oft singen die Familien gemeinsam – und wie laut! Bei uns im Haus singt niemand. Da hört man nur Radios und Fernseher. Aber wenn die Asylanten sich weh tun, weinen sie genauso wie wir.

Ob die auch Weihnachten feiern? Jedenfalls hab ich eine kleine Überraschung für sie vor. Ich backe nämlich in jeder Adventszeit mit Mutti Plätzchen. Eine große Büchse voll Plätzchen darf ich austeilen, an wen ich will. Mit der Büchse will ich in den *Schwarzen Schwan* gehen und die Plätzchen austeilen an alle, die dort wohnen. Damit sie sehen, wie unsere Weihnachtsplätzchen schmecken.

Ob ich auch den drei frechen Jungen welche geben soll? Ich glaub' ja. Vielleicht werden sie davon ein bisschen freundlicher. Vielleicht sind sie nur so frech, weil sie sich schämen, dass sie anders sind als wir und arm sind. Und merken, dass viele von uns sie nicht mögen. Jeder ist in einem anderen Land anders. Auch wir. Als wir mal unseren Urlaub in Spanien verbracht haben, sahen wir auch anders aus als die meisten, die dort lebten. Ich finde es viel interessanter, wenn schwarze, braune und weiße Menschen zusammenleben. Und freundlich zueinander sind. Jedenfalls: Frohe Weihnacht! Auch euch im *Schwarzen Schwan*. Und schaut mal bei uns rein. Meine Eltern sagen, wer Lust hat, kann an den Feiertagen kommen. Auch wenn ihr noch nicht deutsch sprechen könnt.

Margret Rettich
Post für den alten Mann

Ganz oben im Haus, im vierten Stock, wohnte ein alter armer Mann. Daß er alt war, konnte jeder sehen. Er hatte weiße Haare, einen runden Buckel und schlurfte beim Gehen. Das Treppensteigen fiel ihm schwer und er brauchte seine Zeit, bis er oben war.

Doch arm war der alte Mann eigentlich nicht. Er hatte ein gutes Auskommen mit seiner Rente und ein volles Sparbuch hatte er obendrein. Dass er arm war, meinten nur die Leute, denen er im Treppenhaus begegnete und die er freundlich grüßte.

»So ein armer alter Mann«, sagten sie hinter seinem Rücken. Sie meinten damit, dass er arm war, weil er ganz allein lebte.

Der alte Mann hörte es manchmal und schüttelte darüber den Kopf.

Er hatte viele Bücher, die er immer wieder las.

Er hatte eine Menge Schallplatten, die er sich anhörte.

Und er hatte einen Kasten voller Fotos, Briefe und Erinnerungen, in dem er dauernd kramte. Dabei summte er vergnügt vor sich hin und lachte auch manchmal. Es waren nämlich lauter schöne Erinnerungen an ein langes glückliches Leben, das er gehabt hatte.

Jeden Tag kochte er sich ein anderes Leibgericht. Hin und wieder schlummerte er in seinem Lieblingssessel ein. Und manchmal ging er ein Stück spazieren. Er machte überhaupt stets nur, wozu er gerade Lust hatte und freute sich, dass es ihm so gut ging. Darum hatten die Leute im Treppenhaus auch nicht recht, wenn sie ihn arm nannten. Der alte Mann überhörte gewöhnlich, was sie sagten.

In der Weihnachtszeit wurde es allerdings schlimm für ihn. Sie tuschelten so hinter ihm her, dass er gar nicht mehr gern ausging.
Er hörte, wie sie sagten. »Ach, der arme, arme Mann! Immer allein!« Und: »Er kann einem richtig leid tun!«
Und dann wieder: »Gibt es denn niemanden, der sich um ihn kümmert?«
Aber es wurde noch schlimmer.
Als der alte Mann nach einem Spaziergang oben vor seiner Wohnungstür verschnaufte, mußte er anhören, wie die Postbotin sagte: »Der Arme! Nie kriegt er Post! Nicht einmal zur Weihnachtszeit!«
Jemand antwortete: »Wie hält er das nur aus!«
Darauf sagte eine andere Stimme: »Gerade jetzt sollten sich Menschen gegenseitig viel Freude machen.«
»So ist es«, meinte die Postbotin. »Das sollte sich manch einer hinter die Ohren schreiben.«
Der alte Mann schloss seine Wohnung auf, ging hinein und setzte sich in den bequemen Lieblingssessel. Dort überlegte er eine Weile, ehe er entschlummerte.
Als er aufwachte, beschloss er, den Leuten im Treppenhaus eine Freude zu machen, weil sich das offenbar in der Weihnachtszeit so gehörte. Er hatte viel Arbeit damit und er brauchte seine Zeit, bis er alles geschafft hatte.
Zwei Tage später kam die Postbotin.
Der alte Mann beugte sich oben über das Geländer und lauschte. Er hörte, wie sie unten im Treppenhaus verkündete: »Heute kriegt der arme alte Mann ein Päckchen!«
Jemand rief: »Ach, das ist aber eine Überraschung!«
Jemand anders meinte: »Das freut mich richtig für ihn.«
Der alte Mann nickte zufrieden.
Am nächsten Tag brachte ihm die Postbotin gleich drei Päckchen auf einmal. Danach erklärte sie im Treppenhaus: »Viel-

leicht ist der alte Mann gar nicht so arm dran, wie wir immer dachten.«
Sie bekam zur Antwort: »Das wäre ja ein Glück!«
Und wieder nickte der alte Mann.
Am Tag darauf kam die Postbotin kaum die Treppen hoch, so schwer war das große Paket, das sie für den alten Mann schleppen mußte. Unterwegs machte sie eine Pause und sagte: »Warum haben wir uns soviel Gedanken gemacht? Der alte Mann hat ja Menschen genug, die zu Weihnachten an ihn denken.«
»Dann ist er auch nicht allein«, sagte irgend jemand.
Und danach klappten die Türen.
Wenn der alte Mann jetzt im Treppenhaus den Leuten begegnete, erwiderten sie zwar freundlich seinen Gruß, aber sie steckten nicht mehr hinter seinem Rücken die Köpfe zusammen und nannten ihn arm. Es machte ihnen nichts mehr aus, dass er ganz allein lebte.
Am Heiligen Abend packte der alte Mann aus, was ihm die Postbotin gebracht hatte.
Im ersten Päckchen waren ein paar von seinen Schallplatten.
In den drei anderen Päckchen waren einige seiner Bücher.
Er war froh, dass das große Paket gut angekommen war, denn darin war der Kasten voller Fotos, Briefe und Erinnerungen. Der alte Mann hatte darum Angst gehabt, als er damit zum Postamt gegangen war. Im Weihnachtstrubel gehen manchmal Pakete verloren. Dann wäre er tatsächlich arm dran gewesen.
Jetzt war wieder alles da, woran sein Herz hing.
Der alte Mann summte vergnügt vor sich hin.

Werner Bergengruen
Die Hirten

Es roch so warm nach den Schafen,
da sind sie eingeschlafen.
O Wunder, was geschah:
Es ist eine Helle gekommen,
ein Engel stand da.

Sie haben sein Wort vernommen,
war schwer zu verstehen.
Sie mußten nach Bethlehem gehen
und sehen.

Sie haben vor der Krippen
aus runden Augen geschaut.
Sie stießen sich stumm in die Rippen.
Einer hat sich gekraut,
einer drückte sich gegen die Wand,
einer schneuzte sich in die Hand
und wischte sich über die Lippen.

Aber Iwan Akimitsch, der vorne stand,
der den heimlichen Branntwein braut,
Iwan Akimitsch vom Wiesenrand,
Iwan Akimitsch hat sich endlich getraut
hat dreimal gespuckt,
dreimal geschluckt,
dann sagte er laut:

»Wir haben nicht immer gut getan.
Du liebes Kind,
schau uns nur einmal freundlich an.
Geh, tu's geschwind.«

Da war ihnen leicht, sie wußten nicht wie,
da fielen sie alle in die Knie,
da lachte das Kind und segnete sie,
Josef lächelte und Marie.

Hans-Joachim Uhle
Zwei verschlafen die Heilige Nacht

Als die Hirten der Heiligen Nacht sich aufmachten, das Kind in der Krippe zu suchen, vergaßen sie einen. Niemand merkte es. Er hieß Daniel, war ein Hirtenbub und hatte die ganze Sache hinter einem Reisighaufen verschlafen. Kein Wunder, denn er schlief den Schlaf des Ungerechten und der ist manchmal sehr tief.
Er war bös' gewesen. Keiner von den »redlichen« Hirten. Der Vater hatte ihm am Morgen ein Schaf anvertraut. Es sah so aus, als sei es krank. Aber Daniel hatte andere Sachen im Kopf und plötzlich war das Schaf weg. Vater und die Brüder suchten wütend in der Mittagshitze. Als sie es fanden, konnten sie's nur noch schnell schlachten. Vater war ziemlich zornig. Die Prügel besorgten die Brüder. Mit einer Mordswut im Bauch rannte Daniel davon. Da gerieten ihm seine Schwestern in den Weg. Sie kamen mit ihren Wasserkrügen vom Brunnen. Sie waren selbst schuld, dass sie über die Beine ihres Bruders stolperten und noch mal zum Brunnen mussten. Sie hätten ja den Mund halten können. Aber es kam noch schlimmer. Abends, als er mit den anderen am Feuer saß und seine Milch trank, und der ganze Ärger schon fast vergessen war, fing hinten im Zelt die Mutter an, die ganze Sache noch mal aufzurühren. Zornentbrannt kippte er die Milch ins Feuer – es stank fürchterlich –, nahm seine Decke und verschwand hinter einem großen Reisighaufen.
Da lag freilich schon jemand und schlief: der alte Eli. Auch er kein »redlicher« Hirte. Vor vielen Jahren, als junger Mann war er der tüchtigste Hirte im Tal von Bethlehem. Aber nun konnte er schon lange nicht mehr mit der Herde gehen. Sein Rücken

war krumm, die Knie steif, die Hüften schmerzten bei jedem Schritt. Wenn die anderen mit den Schafen aufbrachen, musste er im Lager bleiben. Ohne ihn melkten sie und schoren, halfen den Lämmern zur Welt und machten Geschäfte. Darüber wurde er bitter und böse. Mit jedem bekam er Streit. Kein Wunder, dass ihm alle aus dem Weg gingen, sogar seine Söhne. Sie gaben ihm zu essen und alle paar Jahre ein neues Schaffell als Umhang und Decke – das war alles. In der Heiligen Nacht schlief er hinter dem Reisighaufen.

Daniel kümmerte sich nicht um ihn. Er heulte vor Wut, wikkelte sich in seine Decke und zog sich den Zipfel über den Kopf: nichts mehr sehen, nichts mehr hören. So schlief er ein. Der Engel kam und rief: Siehe ich verkündige euch große Freude ... Daniel hörte ihn nicht. Dann sangen die Himmlischen Heerscharen: Ehre sei Gott in der Höhe ... Die hörte er auch nicht. Und der Lärm, als die Männer und Frauen und Kinder nach Bethlehem losrannten – er merkte nichts, auch nicht, dass der Alte neben ihm laut schnarchte.

Bei Eli war's seit einiger Zeit mit den Ohren schlecht geworden und so verschlief auch er alles. Als die Hirten aufbrachen, hörte ihn eine Frau schnarchen.

»Was machen wir mit dem Alten?« fragte sie.

»Lass den bloß liegen«, rief einer, der macht uns nur Schwierigkeiten!«

Das war Elis ältester Sohn!

Die Rückkehr verschlief der alte Mann auch, obwohl die Hirten fast eine Stunde ums Feuer saßen und sich begeistert noch mal alles erzählten, was sie gehört und gesehen hatten. Sie sangen sogar ein paar uralte Lieder von Gott und dem Gotteskönig.

Davon wachte Daniel auf. Was erzählten sie da? Engel ... ein neugeborenes Kind, Heiland ... Er verstand nichts. Aber eins war ihm klar: Sie hatten ihn bei ihren seltsamen Erlebnissen nicht einmal vermisst.

»Alles Blödsinn!« brummte er, zog sich trotzig die Decke wieder über den Kopf und schlief ein.

Daniels Heilige Nacht

Langsam wurde es still im Tal von Bethlehem. Zwei Engel nur, zwei von den kleineren aus dem Chor der Himmlischen Heerscharen, sahen sich von oben den Platz der Heiligen Nacht an. Natürlich entdeckten sie ziemlich bald Daniel hinter dem Reisighaufen. Engel merken immer gleich alles und sie schauen unter jede Decke.
»Guck mal«, sagte der eine zum anderen, »im Stall war der nicht dabei.«
Der andere erwiderte: »Geschieht ihm ganz recht. Er hat einen schönen Namen, ist aber ein ziemlicher Lümmel. Und wo Gottes Sohn in der Krippe liegt, wo Leute niederknien und ihn anbeten und wir unsere schönsten Lieder singen, da gehört so einer auch nicht hin!«
Er hatte das kaum ausgesprochen, da rief sie der liebe Gott vor seinen Thron. Er sah gar nicht zufrieden aus, obwohl's doch die Heilige Nacht war.
»Wie lange seid ihr jetzt bei mir?«
Diese Frage hatten sie nicht erwartet. Etwas ratlos antwortete der eine: »Von Ewigkeit zu Ewigkeit.«
»Amen!« fügte der andere ebenso ratlos hinzu.
»... und kennt mich immer noch nicht? – Auf, nehmt den Buben, bringt ihn nach Bethlehem, in den Stall, an die Krippe! Er weiß ein hübsches Liedchen, das wird er meinem Sohn vorsingen. Der kann einfach nicht einschlafen. War alles ein bisschen viel für den ersten Tag unter den Menschen.«
»Aber dieser Daniel ist doch ein richtiger Bösewicht. So einer gehört doch nun wirklich ...«

Gott ließ ihn nicht weiterreden: »Das weiß ich auch ... Aber nun tut mal, was ich euch gesagt habe. Auch böse Buben dürfen zum Christkind!«
Jetzt mischte sich wahrhaftig ein etwas älterer Engel ein: »Schon recht, Himmlischer Vater, aber müßte er sich nicht erst einmal bessern ...?«
Auch er konnte nicht zu Ende reden. Der liebe Gott wurde etwas ungeduldig: »Ja ja, wenn's nach euch ginge ... Aber nun los, ihr beiden – und du, Großer, schau genau hin, was nun passiert.«
Also holten die beiden Engel den Daniel unter seiner Decke hervor.
Ehe der begreifen konnte, was ihm geschah, stand er im Stall von Bethlehem vor der Krippe.
Allerdings wäre das beinahe noch schief gegangen. War doch die Tür zur Stallhöhle fest verrammelt und die beiden himmlischen Begleiter hatten keine Ahnung, wie man mit einem Jungen durch geschlossene Türen kommt. Aber Daniel kannte jeden Stall in Bethlehem und Umgebung, natürlich auch das Schlupfloch hier.
Drinnen war's so wie immer. Zwar hatte er noch nie ein neugeborenes Kind in einer Futterkrippe liegen sehen, aber sonst ...
Die Eltern bemerkten die späten Besucher nicht, schliefen todmüde. Das Kind hatte die Augen zu, aber der kleine Kopf ging hin und her, es schnaufte leise und arbeitete mit den Ärmchen in der Luft.
»Armer Kerl«, flüsterte Daniel, »du kannst wohl nicht schlafen.« Er kniete sich dicht an die Krippe und summte leise ein Lied, das einzige, das er konnte. Während er so sang, verschwand die Decke der Stallhöhle sacht und leise wie eine Wolke, wenn die Sonne draufscheint. Der Nachthimmel schaute herein und Sterne über Sterne. Plötzlich wurde aus einem Stern ein Engel, aus einem anderen auch und dann noch einer und noch einer,

bis der ganze Himmel voller Engel war, ganz dicht am Stall die ersten und dahinter noch mehr, so weit man schauen konnte. Sie sangen ein herrliches Lied, immer und immer wieder. Es klang so schön, Daniel mußte einfach mitsingen:

»Ehre sei Gott in der Höhe
und Friede auf Erden
und den Menschen ein Wohlgefallen!«

Obwohl sie mächtig laut sangen, wurde das Kind ganz ruhig. Eben wollte es einschlafen, da tat es noch einmal seine Augen auf und sah Daniel an, lange – still. Und Daniel verstand, was die Augen sagten: »Ich mag dich!«
Aber so etwas gibt's natürlich nicht bei einem Säugling, der noch nicht mal einen Tag alt ist – oder vielleicht doch? Ganz versunken schaute der Bub das schlafende Kind an.
»Komm!« Einer von den beiden Engeln fasste ihn bei der Hand. »Der Heiland will schlafen.«
Daniel schaute nach oben – die Decke war geschlossen, kein einziger Engel mehr. – Bis auf die beiden, die ihn gebracht hatten und die hatten es jetzt ziemlich eilig.
»Was heißt Heiland?« wollte Daniel wissen.
»Wenn du vierzig bist, wirst du's erleben.«
Das war das Letzte, was er von den Engeln erfuhr. Er wollte noch etwas fragen, doch da lag er schon wieder allein unter seiner Decke.
Gott aber saß auf dem Himmelsthron und schaute sehr glücklich in die Nacht von Bethlehem.
»Na, siehst du«, er drehte sich ein wenig zu dem großen Engel, »das hat mein Wohlgefallen, deins nicht auch?«
Der verneigte sich stumm, schaute auf seine Füße und wartete, dass Gott ihn zu den anderen Engeln zurückschickte.

Selma Lagerlöf
Die Heilige Nacht

Es war an einem Weihnachtstag, alle waren zur Kirche gefahren, außer Großmutter und mir. Ich glaube, wir beide waren im ganzen Hause allein. Wir hatten nicht mitfahren können, weil die eine zu jung und die andere zu alt war. Und alle beide waren wir betrübt, dass wir nicht zum Mettegesang fahren und die Weihnachtslichter sehen konnten.
Aber wie wir so in unserer Einsamkeit saßen, fing die Großmutter zu erzählen an.
»Es war einmal ein Mann«, sagte sie, »der in die dunkle Nacht hinausging, um sich Feuer zu leihen. Er ging von Haus zu Haus und klopfte an. ›Ihr lieben Leute, helft mir!‹ sagte er. ›Mein Weib hat eben ein Kindlein geboren, und ich muss Feuer anzünden, um sie und den Kleinen zu erwärmen.‹ Aber es war tiefe Nacht, so dass alle Menschen schliefen, und niemand antwortete ihm.
Der Mann ging und ging. Endlich erblickte er in weiter Ferne einen Feuerschein. Da wanderte er dieser Richtung zu und sah, dass das Feuer im Freien brannte. Eine Menge weiße Schafe lagen rings um das Feuer und schliefen, und ein alter Hirt wachte über der Herde. Als der Mann, der Feuer leihen wollte, zu den Schafen kam, sah er, dass drei große Hunde zu Füßen des Hirten ruhten und schliefen. Sie erwachten alle drei bei seinem Kommen und sperrten ihre weiten Rachen auf, als ob sie bellen wollten, aber man vernahm keinen Laut. Der Mann sah, dass sich die Haare auf ihrem Rücken sträubten, er sah, wie ihre scharfen Zähne funkelnd weiß im Feuerschein leuchteten, und wie sie auf ihn losstürzten. Er fühlte, dass einer von ihnen nach seinen Beinen schnappte und einer nach seiner Hand, und dass einer sich an seine Kehle hängte. Aber die Kinnladen und die Zähne, mit de-

nen die Hunde beißen wollten, gehorchten ihnen nicht, und der Mann litt nicht den kleinsten Schaden. Nun wollte der Mann weitergehen, um das zu finden, was er brauchte. Aber die Schafe lagen so dicht nebeneinander, Rücken an Rücken, dass er nicht vorwärtskommen konnte. Da stieg der Mann auf die Rücken der Tiere und wanderte über sie hin dem Feuer zu. Und keins von den Tieren wachte auf oder regte sich.«

So weit hatte Großmutter ungestört erzählen können, aber nun konnte ich es nicht lassen, sie zu unterbrechen: »Warum regten sie sich nicht, Großmutter?« fragte ich. – »Das wirst du nach einem Weilchen schon erfahren«, sagte Großmutter und fuhr in ihrer Geschichte fort. »Als der Mann fast beim Feuer angelangt war, sah der Hirt auf. Es war ein alter, mürrischer Mann, der unwirsch und hart gegen alle Menschen war. Und als er einen Fremden kommen sah, griff er nach einem langen, spitzigen Stabe, den er in der Hand zu halten pflegte, wenn er seine Herde hütete, und warf ihn nach ihm. Und der Stab fuhr zischend gerade auf den Mann los, aber ehe er ihn traf, wich er zur Seite und sauste, an ihm vorbei, weit über das Feld.«

Als Großmutter soweit gekommen war, unterbrach ich sie abermals. »Großmutter, warum wollte der Stock den Mann nicht schlagen?« Aber Großmutter ließ es sich nicht einfallen, mir zu antworten, sondern fuhr mir ihrer Erzählung fort.

»Nun kam der Mann zu dem Hirten und sagte zu ihm: ›Guter Freund, hilf mir, und leih mir ein wenig Feuer. Mein Weib hat eben ein Kindlein geboren, und ich muß Feuer machen, um sie und den Kleinen zu erwärmen.‹

Der Hirt hätte am liebsten nein gesagt, aber als er daran dachte, dass die Hunde dem Manne nicht hatten schaden können, dass die Schafe nicht vor ihm davongelaufen waren und dass sein Stab ihn nicht fällen wollte, da wurde ihm ein wenig bange, und er wagte es nicht, dem Fremden das abzuschlagen, was er begehrte.

›Nimm, soviel du brauchst‹, sagte er zu dem Manne.

Aber das Feuer war beinahe ausgebrannt. Es waren keine Scheite und Zweige mehr übrig, sondern nur ein großer Gluthaufen, und der Fremde hatte weder Schaufel noch Eimer, worin er die roten Kohlen hätte tragen können.

Als der Hirt dies sah, sagte er abermals: ›Nimm, soviel du brauchst!‹ Und er freute sich, dass der Mann kein Feuer wegtragen konnte. Aber der Mann beugte sich hinunter, holte die Kohlen mit bloßen Händen aus der Asche und legte sie in seinen Mantel. Und weder versengten die Kohlen seine Hände, als er sie berührte, noch versengten sie seinen Mantel, sondern der Mann trug sie fort, als wenn es Nüsse oder Äpfel gewesen wären.«

Aber hier wurde die Märchenerzählerin zum drittenmal unterbrochen. »Großmutter, warum wollte die Kohle den Mann nicht brennen?« »Das wirst du schon hören«, sagte Großmutter, und dann erzählte sie weiter. »Als dieser Hirt, der ein so böser, mürrischer Mann war, dies alles sah, begann er sich bei sich selbst zu wundern: ›Was kann dies für eine Nacht sein, wo die Hunde die Schafe nicht beißen, die Schafe nicht erschrecken, die Lanze nicht tötet und das Feuer nicht brennt?‹ Er rief den Fremden zurück und sagte zu ihm: ›Was ist dies für eine Nacht? Und woher kommt es, dass alle Dinge dir Barmherzigkeit zeigen?‹ Da sagte der Mann: ›Ich kann es dir nicht sagen, wenn du selber es nicht siehst.‹ Und er wollte seiner Wege gehen, um bald ein Feuer anzuzünden und Weib und Kind wärmen zu können.

Aber da dachte der Hirt, er wolle den Mann nicht ganz aus dem Gesicht verlieren, bevor er erfahren hätte, was dies alles bedeute. Er stand auf und ging ihm nach, bis er dorthin kam, wo der Fremde daheim war.

Da sah der Hirt, dass der Mann nicht einmal eine Hütte hatte, um darin zu wohnen, sondern er hatte sein Weib und sein Kind in einer Berggrotte liegen, wo es nichts gab als nackte, kahle Steinwände.

Aber der Hirt dachte, dass das arme unschuldige Kindlein viel-

leicht dort in der Grotte erfrieren würde, und obgleich er ein harter Mann war, wurde er davon doch ergriffen und beschloss, dem Kinde zu helfen. Und er löste sein Ränzel von der Schulter und nahm daraus ein weiches, weißes Schaffell hervor. Das gab er dem fremden Manne und sagte, er möge das Kind darauf betten.
Aber in demselben Augenblick, in dem er zeigte, dass auch er barmherzig sein konnte, wurden ihm die Augen geöffnet, und er sah, was er vorher nicht hatte sehen, und hörte, was er vorher nicht hatte hören können.
Er sah, dass rund um ihn ein dichter Kreis von kleinen, silberbeflügelten Englein stand. Und jedes von ihnen hielt ein Saitenspiel in der Hand, und alle sangen sie mit lauter Stimme, dass in dieser Nacht der Heiland geboren wäre, der die Welt von ihren Sünden erlösen solle. Da begriff er, warum in dieser Nacht alle Dinge so froh waren, dass sie niemand etwas zuleide tun wollten.
Und nicht nur rings um den Hirten waren Engel, sondern er sah sie überall. Sie saßen in der Grotte, und sie saßen auf dem Berge, und sie flogen unter dem Himmel. Sie kamen in großen Scharen über den Weg gegangen, und wie sie vorbeikamen, blieben sie stehen und warfen einen Blick auf das Kind.
Es herrschte eitel Jubel und Freude und Singen und Spiel, und das alles sah er in der dunkeln Nacht, in der er früher nichts zu gewahren vermocht hatte. Und er wurde so froh, dass seine Augen geöffnet waren, dass er auf die Knie fiel und Gott dankte.«
Als die Großmutter so weit gekommen war, seufzte sie und sagte: »Aber was der Hirte sah, das könnten wir auch sehen, denn die Engel fliegen in jeder Weihnachtsnacht unter dem Himmel, wenn wir sie nur zu gewahren vermögen.« Und dann legte Großmutter ihre Hand auf meinen Kopf und sagte: »Dies sollst du dir merken, denn es ist so wahr, wie dass ich dich sehe und du mich siehst. Nicht auf Lichter und Lampen kommt es an, und es liegt nicht an Mond und Sonne, sondern, was not tut, ist, dass wir Augen haben, die Gottes Herrlichkeit sehen können.«

Gudrun Mebs
Frieden auf Erden ...

»Zu Weihnachten wünsche ich mir den Opa!« hat Till auf den Wunschzettel geschrieben. Die Eltern haben ihn gelesen und sich angeschaut. Nur den Opa und sonst nichts? Der Opa lebt im Altenheim, schon lange, da geht's ihm doch gut. Er ist alt und gesund ist er nicht. Er sabbert beim Essen. Er hört nicht mehr gut. Er spricht verworrenes Zeug. Er ist so einer, für den gesorgt werden muss und das können die im Altenheim am allerbesten.

Den Opa hier, den sabbernden Opa und ausgerechnet an Weihnachten, wo doch alles festlich sein soll und friedlich?

Aber Till hat es sich gewünscht und beide Eltern seufzen, Till soll ihn bekommen. Den Opa hier am Weihnachtsabend, aber bitte länger nicht. Papa bringt ihn dann zurück ins Altenheim.

Der Weihnachtsabend ist da und Till steht vor der Tür und ist aufgeregt. Gleich ist es soweit, gleich wird das Glöckchen klingeln, dann darf er rein in den Lichterglanz ...

Und wirklich! Der Tannenbaum strahlt und neben den Tannenbaum sitzt der Opa, gekrümmt und alt, sehr alt und krächst: »Friede auf Erden, Friede auf Erden ...« und die Spucke tropft ihm dabei vom Kinn.

»Opa!!!« Till rennt in seine Arme, der Opa schwankt. Till strahlt und die Eltern lächeln und seufzen. Weihnachten ist, Till freut sich so und Opa ist eine Plage ...

Dann singen alle »O du fröhliche, o du selige ...«

Und Opa krächzt dazwischen unentwegt sein »Friede auf Erde, Friede auf Erden ...« da singen die Eltern nicht mehr.

Dann gibt's das Weihnachtsessen, Braten und Kartoffelbrei. Till füttert den Opa mit Kartoffelbrei, Braten kann er nicht mehr kauen. »Frieden auf Erden!« nickt der Opa und kaut und schluckt. »Und den Menschen ein Wohlgefallen ...« und es rutscht ihm ein Kartoffelbreischwups aus dem zahnlosen Mund und landet auf dem Tischtuch, dem Weihnachtstischtuch mit den hübschen Tannenzweigen.

Till erschrickt, schaut die Eltern an. Opa grinst ein zahnloses: »und den Menschen, den Menschen ...«, dann weiß er nicht mehr weiter. »... ein Wohlgefallen!« sagt Till und seine Stimme zittert. Das Festessen ist eine Schweinerei geworden und der Opa, den er sich doch so gewünscht hat, ist wie ein Baby, das nichts weiß und nichts kann und Hilfe braucht ... Die Eltern räuspern sich, schauen weg, zupfen am Tischtuch. Sie haben es ja gewusst, er muß zurück, der Opa, dorthin, wo er gut aufgehoben ist, wo man für ihn sorgt.

»Ja, ja, ja!« nickt der Opa und tastet nach Tills Hand und hält sich daran fest. Und da muß Till weinen, es kommt einfach so. »Der Opa ist mein Wohlgefallen!« schluchzt Till und hält sich fest am Opa, »er ist doch mein Opa, er gehört doch zu uns!«

»Frieden auf Erden!« krächzt der Opa und fällt in den Kartoffelbrei.

Die Eltern schauen sich an.

»Frieden hier bei uns!« schluchzt Till und ganz lieb und ganz zittrig streichelt Opa seinen Kopf und der wird voll mit Kartoffelbrei.

Mama springt auf ... und setzt sich wieder hin. Und wischt nur ganz heimlich am Tischtuch herum. Papa springt auf und setzt sich wieder hin. Und schneidet den Braten in ganz kleine Stückchen. Für den Opa ..., den Weihnachts-Opa für Till.

Margret Rettich
Die Engelgeschichte

Mariechen war sechzig Jahre lang ein Engel.
Als sie noch ein Kind war, lernte sie schwer in der Schule. Darum sollte sie auch keine Rolle in dem Krippenspiel bekommen, das jedes Jahr zu Weihnachten von den Kindern der letzten Schulklasse aufgeführt wurde. Es war ein altes Spiel mit langen, schwierigen Versen. Die Hauptrollen konnten sich nur sehr gescheite Schüler merken. Doch eine kleine Rolle bekam fast jeder, sei es als Hirte, Bauer, Soldat, Ochs oder Esel. Alle hatten einige Worte herzusagen. Nur Mariechen durfte nicht mitmachen, denn sie konnte beim besten Willen nichts behalten. Darüber war sie sehr unglücklich.
Endlich war es so weit, dass die Kostüme anprobiert wurden, die so alt wie das Krippenspiel waren. Sie wurden jedes Jahr, wenn es nötig war, geflickt und enger, weiter, länger oder kürzer gemacht. Die Hirten steckten in groben Kitteln, Maria hatte einen schönen Umhang und Joseph einen Schlapphut. Die Tiere trugen Köpfe aus Pappmaschee und hüllten sich in richtiges Fell. Aber das Eindrucksvollste waren die Flügel, die der Engel bekam. Sie waren aus Gänsefedern und reichten vom Boden, den sie mit den Spitzen streiften, bis hoch über den Kopf hinaus. Sie wurden mit ledernen Riemen kreuzweise über der Brust festgeschnallt und waren sehr schwer.
In diesem Jahr spielte ein Kind den Engel, das genauso aussah, wie man sich einen Engel vorstellt: schmal und lang und mit wunderschönen blonden Haaren. Als es einen ganzen Nachmittag mit den Flügeln geprobt hatte, brach es in Tränen aus und sagte, es könnte mit diesen Dingern auf dem Rücken nicht so lange herum stehen, die Flügel seien ihm viel zu schwer. Es

blieb nichts anderes übrig, als die schweren Federflügel in die Ecke zu stellen und statt ihrer dem Engel leichte Flügel aus Goldpapier zu kleben.

Als alle Kinder wieder auf der Bühne standen, schnallte sich Mariechen, die für ihr Alter groß und kräftig war, die verschmähten Flügel um. Ihr waren sie nicht zu schwer. Sie ging auf die Bühne, stellte sich hinter den Goldpapierengel und lächelte glücklich, mit einem feuerroten Gesicht. Und niemand brachte es übers Herz, Mariechen zu vertreiben. So traten in dem Krippenspiel diesmal zwei Engel auf: einer, der die vielen Verse hersagte und ein anderer, der stumm und stolz daneben stand.

Im Frühjahr gingen alle Kinder, die mitgespielt hatten, von der Schule ab. Nur Mariechen blieb sitzen.

Darum war sie noch einmal dabei, als das Krippenspiel aufgeführt wurde und war wieder der stumme Engel. Ganz selbstverständlich nahm sie danach die großen Flügel mit nach Hause und steckte sie hinter ihre Kleider in den Schrank.

Weil Rechnen, Lesen und alles, was man sonst noch lernen musste, Mariechen auch weiterhin schwer fiel, blieb sie ein zweites Mal sitzen. Manche munkelten, dass es Mariechen darauf angelegt hätte, um wieder den Engel zu spielen, aber das war sicher nicht so. Denn auch in den folgenden Jahren, als sie in der Lehre war, erschien Mariechen mit ihren Flügeln, wenn die Proben für das Krippenspiel begannen.

Jetzt wurde sie bereits überall das Engelmariechen genannt. Das gefiel ihr und sie mochte es, wenn die Leute zu ihr sagten: Du bist wirklich ein Engel! Sie sagten das oft zu ihr, weil Mariechen anpackte und half, wo sie konnte. Und Mariechen tat alles, damit sie es recht oft sagten. Sie schichtete Holz, sie passte auf die kleinen Kinder auf, brachte Pakete zur Post, grub Gemüsebeete um, hing Wäsche auf, rührte stundenlang Pflaumenmus, schaufelte Schnee, putzte Silber und war überall zur Stelle, wo sie gebraucht wurde.

Einmal wurde sie sogar gebeten, anstelle des Weihnachtsmannes zu bescheren. Vor dem Weihnachtsmann hatten die Kinder Angst, doch vor Mariechen nicht. Darauf war sie sehr stolz. Pünktlich stand sie mit ihren Flügeln zur ausgemachten Zeit vor der Tür. Sie ließ sich von den Kindern Gedichte aufsagen, sang mit ihnen und kippte den Sack aus, in den die Eltern vorher Geschenke gesteckt hatten.

Und mit der Zeit wollten immer mehr Leute das Engelmariechen zum Bescheren haben. Um niemanden zu vergessen und um nichts durcheinanderzubringen, mussten sich alle bei ihr in ein kleines Buch eintragen. Diese Voranmeldung nahm Mariechen vom ersten Advent an entgegen. Nur die Zeit für die Proben zum Krippenspiel wurde ausgespart, denn Mariechen legte großen Wert darauf, nicht eine einzige zu versäumen. Sonst aber eilte sie vor Weihnachten in jeder freien Stunde durch die Straßen. Sie trug hohe Schnürstiefel und hatte die Flügel über ihren Wintermantel geschnallt. Wenn es schneite, schützte sie die Federn mit einem Regenumhang, der weit gebauscht hinter ihr herwehte. Stets hüpften und sprangen einige Kinder um sie herum.

Es war nicht leicht, einen Termin bei Mariechen zu bekommen, denn sie war fast immer ausgebucht.

Und nach wie vor stand Mariechen beim Krippenspiel als stummer Engel auf der Bühne.

Sie war mit der Zeit recht rundlich geworden. Ihre Haare wurden erst grau und dann weiß. Nur Fremde, die zufällig das Spiel sahen, wunderten sich über den alten Engel zwischen all den Kindern.

Und nur Leute, die neu zuzogen, lachten, wenn sie das Engelmariechen zum ersten Mal zur Weihnachtszeit auf der Straße sahen. Im Jahr darauf lachten sie schon nicht mehr, denn da hatten sie bereits herausgefunden, dass Mariechen ein Engel war.

Sie hat nie geheiratet, das fand sie nicht angemessen. Von verheirateten Engeln hatte sie nie gehört.
Als sie nicht mehr gut zu Fuß war, kam sie ins Altersheim. Die Flügel schienen von Jahr zu Jahr schwerer zu werden. Doch nie wäre Mariechen eingefallen, sich welche aus Goldpapier über den Rücken zu hängen. Immer noch lief sie in der Weihnachtszeit mit den mächtigen Flügeln herum, bescherte die Kinder und war beim Krippenspiel dabei.
Mariechen war sechzig Jahre lang ein Engel.
Im letzten Frühjahr ist sie gestorben. Da hat man die Flügel unten in den Sarg gelegt und das Mariechen darauf. So ist sie begraben.

Jürgen Banscherus
Einsam nur der Esel wacht

Es ist der Tag vor Heiligabend. In ihrem Zimmer kniet Lisa auf einem Stuhl und drückt sich die Nase an der Fensterscheibe platt. Draußen fallen Schneeflocken auf den Rasen hinterm Haus. Vor ein paar Minuten hat Lisa angefangen, sie zu zählen. Jetzt ist sie bereits bei 134 angelangt.
»135«, sagt sie laut.
Da kommt Mama ins Zimmer.
»136«, zählt Lisa.
»Es wird Zeit«, sagt Mama.
»Psst!« macht Lisa. »137, 138 ...«
»Du musst dich beeilen«, drängt Mama. »Bald wird es dunkel.«
Lisa löst die Nase von der feuchten Fensterscheibe. »Wieso muss ich mich beeilen, Mama?«
»Hast du das etwa vergessen?« fragt die zurück.
»Was?«
»Dass du zur Drogerie gehen wolltest«, antwortet Mama. »Weißt du denn wenigstens noch, was du einkaufen sollst?«
Bedauernd schüttelt Lisa den Kopf.
»Kerzenwachsentferner, Lisa, Kerzenwachsentferner! Kannst du das behalten?«
»Klar!«
»Bestimmt?«
»Ich bin doch kein Baby!«
Wie ein Schneemann sieht Lisa aus, als sie die kleine Drogerie betritt. Schön warm ist es hier drinnen, sofort bildet sich rings um ihre Stiefel eine Pfütze.
»Was kann ich für dich tun?« fragt die Verkäuferin.

»Ich möchte gern ...« beginnt Lisa – und weiß nicht weiter. Verflixt, was sollte sie einkaufen?
»Hast du's vergessen?« fragt die Frau.
»Nein«, antwortet Lisa rasch. Eben hat sie noch genau gewusst, was Mama ihr aufgetragen hat!
»Also, was darf es sein?« fragt die Verkäuferin geduldig.
Hat Mama nicht von Kerzen gesprochen? überlegt Lisa. Genau! Das ist es!
»Kerzen«, sagt Lisa. »Ich hätte gern Kerzen.«
»Wie viele?« fragt die Frau.
»Wie viele? Ich weiß nicht.«
»Und welche Farbe soll es sein?«
»Ich weiß nicht.«
»Braucht deine Mutter die Kerzen für euren Weihnachtsbaum?« fragt die Verkäuferin weiter.
Allmählich wird es Lisa mulmig zumute. »Ich weiß nicht«, antwortet sie ein drittes Mal.
Die Verkäuferin greift hinter sich ins Regal. »Hier, am besten nimmst du zwei Packungen blaue Christbaumkerzen mit«, sagt sie. »Blau ist in diesem Jahr die Modefarbe. Außerdem tropfen die Kerzen nicht. Da freut sich deine Mutter.«
»Gut«, sagt Lisa und findet, Mama hätte ihr wirklich ein bisschen genauer sagen können, was sie will.
Es dauert nicht lange und Lisa ist wieder zu Hause. Mama sitzt mit Thomas in der Küche und schält Zwiebeln für den Weihnachtsbraten. Sie hat Lisas Taucherbrille aufgesetzt, um nicht zu heulen.
»Schon zurück?« Mama spricht mit eingeklemmter Nase. Es klingt ziemlich komisch.
»Schon zurück?« macht Thomas sie nach.
Lisa legt die Kerzen auf den Tisch. »Blau ist in diesem Jahr die Modefarbe. Ich finde, sie sehen toll aus.«
Mama zieht die linke Augenbraue hoch. »*Was* hast du mitgebracht?« fragt sie. Ihre Stimme klingt nicht besonders gut.

»Sollte ich denn keine Kerzen kaufen?« fragt Lisa.
»Nein!« ruft Mama, dreht sich zum Küchenschrank um und zieht eine Schublade auf. Mindestens einhundert Christbaumkerzen liegen drin. Und alle sind blau. »Was sollen wir mit noch mehr Kerzen? Kerzenwachsentferner, habe ich gesagt, Kerzenwachsentferner!«
»Aber die Kerzen tropfen nicht. Du brauchst überhaupt keinen Kerzenwachsent ...«
»Alle Kerzen tropfen«, wird Lisa von Mama unterbrochen. »Warum kannst du nicht ein einziges Mal behalten, was ich dir sage?«
Thomas grinst wieder. »Wundert dich das? Papas letzten Geburtstag hat sie auch vergessen.«
»Hör auf«, sagt Lisa.
»Und im Schwimmbad hast du neulich deine Gummisandalen und den Badeanzug liegenlassen«, sagt Thomas.
»Hör auf!«
»Schluss jetzt«, sagt Mama. »Thomas, lauf du bitte in die Drogerie und tausche die Kerzen gegen Kerzenwachsentferner um.«
»Lass mich gehen«, bettelt Lisa. »Diesmal mache ich es bestimmt richtig.«
Mama schüttet den Kopf. »Lieber nicht, Lisa. Du bist einfach zu schusselig.«

Traurig geht Lisa hinauf in ihr Zimmer. Was hat sie denn schon Schlimmes angestellt? Als ob Mama, Papa oder Thomas nie etwas vergessen würden! Und bei Oma Jutta lachen sie sogar darüber, wenn sie wieder nicht weiß, wo sie ihre Handtasche hingestellt hat. Ungerecht sind sie und gemein, richtig gemein. Jawohl!
Dann öffnet sie das Fenster. Es hat aufgehört zu schneien, der Garten liegt unter einem dicken weißen Teppich. Der Mond spaziert über das Dach des Supermarkts, ein Stern ist undeut-

lich zu sehen. Richtig friedlich sieht alles aus und Lisas Wut wird kleiner und kleiner, bis sie schließlich ganz verraucht ist. Gerade beginnt jemand im Nachbarhaus auf dem Klavier Weihnachtslieder zu spielen. Leise summt Lisa mit. Und während die Melodie von *Es ist ein Ros entsprungen* herrübertönt, lächelt sie auf einmal ...

Mit Weihnachtsliedern kennt sie sich nämlich aus; und im Aufsagen ist sie ebenfalls nicht schlecht. Wäre doch gelacht, wenn sie Mama, Papa und Thomas nicht beweisen könnte, dass sie kein Schussel ist!

Rasch schließt Lisa das Fenster und geht in Papas Arbeitszimmer. Dort stehen furchtbar viele Bücher, die Regale ziehen sich bis unter die Decke.

Lisa hat mindestens hundert Bücher durchgeblättert, als sie endlich findet, was sie gesucht hat. Das Buch hat einen gelben Einband, ist verflixt schwer und heißt *Deutsche Gedichte*. Kaum hat Lisa es aufgeschlagen, springt ihr auch schon eine Zeile ins Auge:

»*Vom Himmel hoch, da komm ich her.*«

Genau, das ist es!

»*Ich bring euch gute neue Mär.*«

»M-ä-r«, buchstabiert Lisa laut. Ein komisches Wort ist das. Na, Hauptsache, sie vergisst es nicht.

15 Strophen hat das Lied und die lustigste geht so:

»*Davon ich allzeit fröhlich sei,*
Zu springen, singen immer frei
Das rechte Susannine schön,
Mit Herzenslust den süßen Ton.«

Lisa schaut auf ihre Armbanduhr. In genau 24 Stunden läutet Papa zur Bescherung, sie hat genug Zeit.

Ihr Plan steht fest: Sie wird alle Strophen dieses Liedes auswendig lernen und sie am Heiligen Abend aufsagen. Und danach wird sie keiner mehr »Schussel« nennen – selbst Thomas nicht.
Bis zum Ende der vierten Strophe geht das Auswendiglernen leicht. Aber danach wird es schwierig. Wie soll ein Mensch behalten:

*»So merket nun das Zeichen recht:
Die Krippe Windelein so schlecht«?*

Oder:

*»Und wär die Welt vielmal so weit,
Von Edelstein und Gold bereit«?*

Oder, am allerschwierigsten:

*»Der Sammet und die Seiden dein,
Das ist grob Heu und Windelein,
Darauf du König groß und reich
Herprangst, als wär's dein Himmelreich«?*

Nach einer Stunde will nichts mehr in Lisas Kopf hinein. Sie legt das Buch unter ihr Kopfkissen und läuft in die Küche, um Mama und Papa Gute Nacht zu sagen.
»Hallo, Lisa«, begrüßt Papa sie. »Wir hatten dich schon vermisst.«
»Bist du noch sauer?« fragt Mama.
»Ein bisschen«, antwortet Lisa.
»Tut mir leid, Lisa«, sagt Mama. »Weißt du, vor Weihnachten gibt es immer ein großes Durcheinander ...«
»Mhm.«
»Da sagt man manchmal Dinge, die einem hinterher leid tun«, fährt Mama fort.

»Also bin ich kein Schussel?« fragt Lisa blitzschnell.
Mama lacht. »Doch, das bist du. Mein lieber, kleiner Schussel.«
Sie nimmt Lisa in die Arme und gibt ihr einen Kuss auf den Mund, obwohl Lisa das jetzt nicht will und schon gar nicht auf den Mund.

In der Nacht ist es bitterkalt geworden. Als Lisa am Morgen aufwacht, traut sie sich kaum, den kleinen Finger unter der Bettdecke hervorzustrecken.
Sie schlägt das dicke Buch auf. Die beiden ersten Strophen des Liedes »*Vom Himmel hoch, da komm ich her*« hat sie tatsächlich behalten, Wort für Wort. Also fängt sie noch mal mit der dritten an: »*Es ist der Herr Christ, unser Gott*«, sagt sie sich vor.
Und dann lernt Lisa Zeile um Zeile, Strophe um Strophe.
Manche Wörter wollen ihr zuerst einfach nicht in den Kopf.
Doch sie gibt nicht auf: Als Mama Lisa zum Frühstück ruft, sitzen die ersten acht Strophen.
Bis zum Mittagessen kann sie die nächsten beiden Strophen.
Und irgendwann am frühen Nachmittag schließt sie das Buch mit einem lauten Knall und sagt laut die letzte auf:

»*Lob, Ehr sei Gott im höchsten Thron,*
Der uns schenkt seinen eig'nen Sohn.
Des freuen sich der Engel Schar
Und singen uns solch neues Jahr.«

»Lisa!« hört sie Mama rufen.
»Was ist denn?«
»Es wird Zeit!«
»Zeit? Wofür?« ruft Lisa zurück.
»Oma Jutta wartet«, sagt Mama, als Lisa in die Küche kommt.
»Das hatten wir doch so besprochen: Du holst Oma Jutta ab und Thomas räumt die Küche auf.«

»Ach ja«, sagt Lisa. »Das hatte ich ganz ...«
»... vergessen«, stöhnt Mama. »Nun lauf!«

Oma Jutta wartet tatsächlich bereits auf Lisa. In der Diele ihrer kleinen Wohnung steht die schwarze Tasche, in der sie immer die Geschenke zur Bescherung mitbringt.
Fast niemand ist um diese Zeit unterwegs. Die Autos stehen tief verschneit am Straßenrand, in den Häusern werden die ersten Kerzen angezündet.

»Ach Herr, du Schöpfer aller Ding,
Wie bist du worden so gering,
Dass du da liegst auf dürrem Gras,
Davon ein Rind und Esel aß!«

wiederholt Lisa leise. In dieser Strophe ist sie vorher jedesmal stecken geblieben. Nun aber geht alles glatt.
»Irgendwoher kenne ich das«, überlegt Oma Jutta.
»Das ist aus einem Lied. Es heißt: *Vom Himmel hoch, da komm ich her*«, sagt Lisa und fragt denn schnell: »Bin ich ein Schussel?«
»Wer behauptet das?«
»Mama und Papa«, antwortet Lisa. »Und Thomas sowieso. Ich vergesse nämlich manchmal was, weißt du.«
»Das tue ich auch«, sagt Oma Jutta.
»Du darfst das«, sagt Lisa. »Du bist alt.«
»Na, hör mal!« sagt Oma Jutta.
»Also: Bin ich ein Schussel?« fragt Lisa.
Oma Jutta drückt sie fest an sich. »Nein, Lisa, du bist ein kluges Mädchen. Ein sehr kluges sogar. Und alle klugen Leute sind ein bisschen vergesslich.«
»Prima«, sagt Lisa. »Das mußt du unbedingt Mama und Papa erzählen!«

Mit roten Nasen und eiskalten Backen kommen Oma Jutta und Lisa zu Hause an. Inzwischen hat Thomas die Küche aufgeräumt, an dem großen Adventskranz in der Diele brennen die Kerzen.
»Niemand zu Hause?« ruft Oma Jutta.
»Psst«, macht Lisa, nimmt ihre Oma an der Hand und schleicht mit ihr auf Zehenspitzen zur Wohnzimmertür.
Von drinnen hören sie Papier rascheln und leise Stimmen. Das sind Mama und Papa. Sie legen gerade die Geschenke unter den Weihnachtsbaum.
Jetzt kommt auch Thomas in die Diele. Er hat seine beste Hose angezogen und den Pullover mit den Indianern dazu.
»Hallo, Oma«, sagt er.
»Hallo, Thomas. Na, bist du aufgeregt?« fragt Oma Jutta.
»Quatsch«, antwortet Thomas. »Ich bin doch kein Daumenlutscher mehr!«
Er will noch etwas sagen – da ertönt schon das Weihnachtsglöckchen. Und wie in jedem Jahr rennt Thomas als erster ins Wohnzimmer.
Von wegen nicht aufgeregt! Gegen ihren großen Bruder ist Lisa die Ruhe selbst. Klar, sie hat feuchte Hände und ein komisches Kribbeln im Bauch. Aber sie zappelt wenigstens nicht so rum wie Thomas ... Der interessiert sich nur für die vielen bunten Päckchen. Lisa dagegen bewundert zuerst mal ausgiebig den Weihnachtsbaum.
Und wie sie so dasteht und den Baum beguckt, möchte sie am liebsten die ganze Welt umarmen und fängt gleich mit Papa an. Gerade als sich Thomas vor den vielen Küssen hinters Sofa verdrückt hat, sagt Oma Jutta: »So, jetzt wollen wir singen.«
»Immer noch besser als knutschen«, murmelt Thomas.
Und Oma Jutta legt los. »*O du fröhliche*«, singt sie, wie jedes Jahr. Und wie jedes Jahr stimmt sie das Lied viel zu hoch an.
»Und was machen wir jetzt?« fragt Mama hinterher.

»Ich weiß auch nicht«, murmelt Papa grinsend.
Thomas hält es nicht mehr aus. »Ist das hier eine Bescherung oder was?« ruft er.
Wenig später ist der Boden übersät mit Kartons, Geschenkpapier und bunten Bändern. Lisa kriegt tatsächlich ihre Rollschuhe und außerdem ein Kinderlexikon. Thomas kämpft noch mit einer riesengroßen Kiste. Aber der Computer, den er sich seit langem gewünscht hat, ist schon deutlich zu erkennen.
Dann holt Lisa den Schal für Mama, das Buch für Papa und die Flasche Wein für Oma Jutta aus dem Versteck unter der Kellertreppe. Sie hat es einfach nicht mehr geschafft, für Oma etwas zu basteln.
Doch die freut sich trotzdem. »Schau mal, was ich für dich habe«, sagt sie zu Lisa und nimmt ein Paket aus der schwarzen Tasche.
»Was da wohl drin ist?« überlegt Mama.
»Vielleicht ein Klavier?« lästert Thomas.
»Quatschkopf!« ruft Lisa.
Nein, ein Klavier ist natürlich nicht drin. Dafür steht kurz darauf die ersehnte Kinderschreibmaschine vor Lisa.
»Genau das Richtige für eine Schriftstellerin wie dich«, sagt Papa.
»Stimmt!« ruft Lisa, gibt Oma einen Knallkuss, spannt ein Stück Geschenkpapier ein und beginnt zu tippen.
»Lasst uns ruhig noch ein bisschen zusammensitzen«, sagt Papa.
»Ich habe aber Hunger«, sagt Thomas.
»Ich auch«, sagt Lisa.
»Na schön.« Seufzend stehen Mama und Papa auf und gehen in die Küche.
Aber ausgerechnet jetzt fällt Lisa etwas Wichtiges ein, etwas sehr Wichtiges sogar.
»Wartet!« ruft sie hinter den beiden her. »Ich habe was vergessen!«

»Ich dachte, du hast Hunger«, sagt Mama, als sie kurz darauf mit Papa wieder auf der Couch sitzt.
»Ja, schon ...«, sagt Lisa und zögert. Soll sie erst erklären, warum sie das längste Weihnachtslied der Welt auswendig gelernt hat, oder soll sie gleich anfangen? Da fällt ihr Blick auf die Schreibmaschine vor ihr und mit einemmal ist alles ganz einfach.
»Ich habe noch ein Geschenk für Oma Jutta«, sagt Lisa.
»Was ist es denn?« fragt Thomas neugierig.
»Ein Lied«, antwortet Lisa. »Eigentlich habe ich es für alle auswendig gelernt. Aber jetzt schenke ich es Oma. Ihr könnt natürlich zuhören«, fügt sie großzügig hinzu.
»Du wirst doch nicht etwa singen?« fragt Thomas.
»Keine Angst.«
Lisa stellt sich neben den Weihnachtsbaum, öffnet den Mund und ... nichts. Ihr Kopf ist plötzlich leer, leer wie ein kaputter Luftballon. Sie hat ein Lied auswendig gelernt, 15 Strophen lang. Und sie hat es aufsagen können, ohne zu stocken. Und jetzt – jetzt fällt ihr nicht *ein* Wort ein. Schusselig ist sie: schusselig, schusselig, schusselig!
»Los, los!« ruft Thomas. »Wir haben Hunger!«
»Lass sie«, sagt Oma Jutta.
In diesem Moment erinnert sich Lisa an eine Zeile. An eine einzige nur, aber die ist vielleicht die Rettung.
»*Stille Nacht, heilige Nacht*«, sagt sie zögernd.
»Kenn' ich!« ruft Thomas.
Wie ging das Lied weiter? überlegt Lisa krampfhaft. Gab es da nicht einen Esel?

»*Einsam nur der Esel wacht*«,

sagt sie, immer noch ein bisschen unsicher. Erneut stockt sie. Wen bewacht der Esel? Ja, natürlich:

»Und es schläft das heilige Paar
Stroh und Hafer im lockigen Haar.«

Und mit fester Stimme schließt Lisa:

»Schlaft, die Kuh schaut euch zu,
Schlaft in himmlischer Ruh.«

Geschafft! Und weil Lisa so froh darüber ist, sagt sie die ganze Strophe gleich noch einmal auf:

»Stille Nacht, heilige Nacht,
Einsam nur der Esel wacht.
Und es schläft das heilige Paar,
Stroh und Hafer im lockigen Haar.
Schlaft, die Kuh schaut euch zu,
Schlaft in himmlischer Ruh.«

Niemand sagt etwas. Aber alle sehen so aus, als ob ihnen Lisas Vortrag gefallen hätte. Thomas klatscht sogar kurz in die Hände.
Also weiter, denkt Lisa.

»Vom Himmel hoch, da komm ich her«,

beginnt sie und endet mit:

»Und singen uns ein neues Jahr.«

Kein einziges Mal bleibt sie in den 15 Strophen stecken und hinterher fühlt sie sich mindestens zwei Meter groß.
»Donnerwetter«, sagt Papa, als sie fertig ist.
»Kaum zu glauben«, sagt Mama.
Thomas nickt. »Nicht schlecht, gar nicht schlecht.«
»Nicht schlecht?« sagt Oma Jutta und nimmt Lisa in die Arme.
»Du, das war das schönste Weihnachtsgeschenk, das ich je von dir bekommen habe!«

»Die erste Strophe hat mir besonders gut gefallen«, sagt Oma Jutta zu Lisa, während Papa den Tisch deckt.
»Du meinst *Vom Himmel hoch, da komm ich her?*«
Oma Jutta schüttelt den Kopf. »Nein, ich meine die Strophe, die mit *Stille Nacht, heilige Nacht* beginnt. Die finde ich so schön, die werde ich aufschreiben.«
»Aufschreiben?« wundert sich Lisa. »Die kennt doch jeder.«
»Deine ist neu«, sagt Mama.
»Total neu«, sagt Thomas und lächelt Lisa an.
Tatsächlich: Thomas lächelt!
Da fällt Lisa zweierlei ein: Die erste Strophe, die sie aufgesagt hat, gehört gar nicht zu den anderen. Und das Lied *Stille Nacht, heilige Nacht* geht in Wirklichkeit so:

»Stille Nacht, heilige Nacht,
Alles schläft, einsam wacht
Nur das traute, hochheilige Paar.
Holder Knabe im lockigen Haar,
Schlaf in himmlischer Ruh,
Schlaf in himmlischer Ruh.«

Lisa wird rot. »Ich hab' den holden Knaben vergessen!«
»Na und?« sagt Thomas. »Dein Lied ist besser. Tausendmal besser.«

Josef Guggenmos
Das Eselchen

Es war einmal ein E-,
es war einmal ein -sel,
es war einmal ein Eselchen,
das ging nicht von der Stell.

Du willst nicht heim? O Eselchen,
ich sag dir was, gib acht:
Es kommt zu dir in deinen Stall
das Christkind heute Nacht!

Da blieb es nicht mehr, wo es stand,
da ging es von der Stell.
Da lief es heim, das Eselchen,
wie ein Wieselchen, so schnell.

Gertrud Fussenegger
Die Heilige Nacht

✶

Einige Monate später – es war Winter und über die Fluren Judäas blies ein kalter Wind, über die Gipfel der Berge trieben Schneeschauer – wanderte Joseph mit Maria gegen Bethlehem. Sie saß, in einem weiten Mantel gehüllt, auf dem Rücken eines Esels und schwieg. Nur von Zeit zu Zeit flüsterte sie etwas, da hielt Joseph an und wartete ein Weilchen. Dann trieb er den Esel zu um so größerer Eile an und er atmete auf, als er endlich Bethlehem vor sich liegen sah, eine kleine, an eine Bergkuppe gebaute Stadt: Das war ihr Ziel, dort wollten sie in einer Herberge unterkommen.

Doch als sie die Stadt erreichten, sahen sie mit Schrecken, dass es heute gar nicht so leicht sein würde, eine Unterkunft zu finden. Die engen Gassen wimmelten von Menschen, von Karren und Reittieren und es war ihnen anzumerken, dass auch sie erst vor kurzem hier angekommen waren. So war ganz Bethlehem voll von Leuten, die Herberge suchten und das war auch kein Wunder, denn ein Befehl war ergangen im ganzen Land und nicht nur im ganzen Land, sondern im ganzen großen Reich der Römer, Kaiser Augustus hatte diesen Befehl erlassen: Jedermann sollte sich aufschreiben lassen in seiner Heimatstadt. So sollte das Volk gezählt werden, nicht nur das Volk der Juden, sondern auch alle anderen Völker, die unter der Herrschaft der Römer lebten und Kaiser Augustus gehorchten mussten.

Nun aber lebten viele Menschen nicht mehr in ihren Heimatstädten, nicht mehr dort, wo ihre Eltern und Großeltern gelebt hatten. So mussten viele Leute zur Zählung auf Reisen gehen. Auch nach Bethlehem kamen viele, weil Bethlehem ihre Heimatstadt war.

Darum waren alle Herbergen voll und die Unterkünfte waren längst vergeben.

Wo Joseph anklopfte, erhielt er eine barsche Antwort, und wenn er sich aufs Bitten verlegte und darauf hinwies, dass seine junge Frau Maria ihre schwere Stunde erwartete, wurde ihm die Tür vor der Nase zugeschlagen.

Endlich fand sich ein barmherziger Mensch, der ihnen einen Stall als Unterkunft anbot.

»Einen Stall?« murmelte Joseph verstört und warf Maria einen verzweifelten Blick zu. »Wirklich nur einen Stall?«

Aber Maria nickte.

So ließen sie sich hinführen. Unter der Stadtmauer von Bethlehem war eine Höhle. Über dem Eingang hing ein strohgedecktes Dach und drinnen stand eine Krippe, an die ein Ochse gebunden war.

»Hier ist der Stall!« sagte der Mann.

Joseph zögerte noch immer, doch Maria gab ihm ein Zeichen, dass sie von ihrem Reitesel absteigen wolle.

Der Besitzer des Stalles brachte ihnen noch einen Armvoll Stroh und einen Eimer voll Wasser. Dann wünschte er einen guten Abend und zog die Tür hinter sich zu.

Nun war es Nacht.

In den Häusern, Höfen und Gassen der Stadt erloschen die Lichter, aber draußen in den offenen Fluren rund um Bethlehem wurden die Hirtenfeuer angezündet, denn die Hirten durften nicht schlafen, sie mussten bei ihren Herden wachen. Doch da die Nacht sehr kühl war, entfachten sie kleine Feuerchen, kauerten ringsum im Kreis und schwatzten ein wenig, um sich die Zeit zu vertreiben.

Worüber mochten sie sich wohl unterhalten, diese Hirten in den Fluren von Bethlehem? Vermutlich hatten sie einander nicht viel Lustiges zu erzählen, denn die Zeiten waren hart: Die Römer bedrückten das Land und quälten es mit ihrer Willkür.

Wohl hatten sie einen König eingesetzt, um den Schein zu wahren, als ob das Volk der Juden sich selbst regieren würde. Doch dieser König, Herodes, war ebenfalls ein Fremder und er war tückisch und grausam, baute sich selbst prachtvolle Paläste und scherte sich nicht um die Not der Armen. Wie immer und überall auf der Welt lebten auch damals die Reichen und Mächtigen in Prunk und Übermut und die Armen und Schwachen in Not, Kummer und Furcht, mühselig und beladen. Worauf sollten sie hoffen? – Das mochten sich die Hirten fragen in jener dunklen kalten Nacht vor den Mauern Bethlehems wie in vielen anderen Nächten zuvor, während das Feuer zwischen ihnen allmählich abbrannte und zu einem Häuflein Glut zusammensank. Nun ging es schon auf Mitternacht zu.

Einer verstummte und dann der andere, und mancher war schon eingenickt.

Da aber geschah etwas Seltsames: Es war zuerst wie das Wehen des Windes hoch droben in den Lüften, ein leises Sausen und Knistern unter den Sternen. Dann floss ein zarter Glanz über die Ränder der Hügel und zeichnete den Mauerkranz von Bethlehem nach. Schließlich zog sich der Schimmer zusammen zu einer einzigen hochaufgerichteten, glänzenden Gestalt. Sie kam näher heran und hielt schließlich bei den Hirten inne und eine Stimme sprach: »Fürchtet euch nicht, ihr Männer, denn ich habe euch eine große Freude zu verkündigen. Heute Nacht ist in Bethlehem, in der Stadt Davids, der Heiland dieser Welt geboren worden. Geht dorthin und sucht ihn. Ihr werdet ein Kind finden, in Windeln gewickelt und in einer Krippe liegend.«

Die Hirten lauschten. Es war ihnen so wunderbar zumute! Diejenigen, die schon eingeschlafen waren, glaubten noch zu träumen, aber andere waren schon aufgesprungen, um, wie der Engel gesagt hatte, nach Bethlehem zu eilen und den Heiland zu suchen. Nun aber geschah noch etwas anderes: Rings um den einen ersten Engel schwebten auf einmal andere selige Geister.

Sie schienen vom Himmel herabzusteigen, als hingen tausend und abertausend Leitern unsichtbar im Raum zwischen den Sternen und über jede dieser Leitern kam eine Schar singender Knaben, geflügelt und in schimmernden Gewändern; viele hielten Harfen in den Händen, andere Flöten und aus all dem Singen und Klingen, das den Himmel durchströmte, waren die Worte zu vernehmen:

*»Ehre sei Gott in der Höhe
und Friede allen Menschen auf Erden,
die guten Willens sind!«*

Allmählich wurden die Stimmen leiser, der Glanz erlosch oder zog sich nach oben zurück und schließlich standen nur noch die Sterne am Himmel. Die Hirten machten sich auf den Weg nach Bethlehem. Als sie ankamen, war das Kindlein schon geboren und Maria hatte es in Windeln gewickelt und in die Krippe gelegt.
Die Hirten fielen auf die Knie und beteten es an. Und keiner von ihnen vergaß diese Nacht, solange er lebte.

Elisabeth Borchers
Die Weihnachtsgäste des Herrn Schwarzhut

Die Eltern saßen dicht gedrängt. Alles wurde still, als Herr Schwarzhut die Kerzen am Weihnachtsbaum anzündete. Auf den Fensterbänken saßen »die Nachbarn« und die Lehrerin Frau Fach. Frau Fach rief: »Meine Damen und Herren, liebe Eltern. Nun beginnt das Stück aus dem Stegreif ›Die Weihnachtsgäste des Herrn Schwarzhut‹. Der Herr, den Sie auf der Bühne sehen, ist Herr Schwarzhut. Allein in seinem großen schönen Haus, hat er niemanden, mit dem er den Weihnachtsabend verbringen könnte. So lange Jahre lebt er nun schon allein, dass er mit niemandem mehr reden will.«

Einer der Nachbarn auf der Fensterbank ruft: Herr Schwarzhut zündet schon die Kerzen an. Ich kann es genau sehen. Ein anderer Nachbar ruft: Was sind denn das für Leute, die zu Herrn Schwarzhut wollen?

Es schellt. Herr Schwarzhut schaut auf seine Taschenuhr und sagt, dass er noch ein Paket erwartet: Die Firma Alles & Co. kommt aber spät.

Herr Schwarzhut tut, als öffne er die Tür und erschrickt über die Leute, die vor ihm stehen: Vater, Mutter, vier Kinder, Hund, Katze, Kanarienvogel und Maus. Doch höflich fragt er: Sie wünschen?

Der Vater sagt: Wir möchten Ihnen einen Weihnachtsbesuch machen.

Herr Schwarzhut: Aber ich kenne Sie doch gar nicht!

Der Vater: Felix ist mein Name, Herr Felix, Frau Felix, die Kinder, unsere Haustiere.

Herr Schwarzhut: Angenehm – aber ...

Herr Felix: Wer in einem so schönen Haus wohnt und allein ist, soll wenigstens zu Weihnachten fröhlichen Besuch bekommen.

Herr Schwarzhut: Aber ich bin es gewohnt, allein zu sein und möchte auch jetzt allein sein.
Herr Felix: Das geht leider nicht, weil unsere Wohnung so kalt ist, dass wir erfrieren müssten.
Herr Schwarzhut: Ja, haben Sie denn keinen Ofen?
Frau Felix: Öfen haben wir nicht, aber eine Heizung. Für die Heizung aber ist das Öl nicht gekommen und darum ...
Herr Schwarzhut: Also hören Sie, so geht das nicht. Ich muss jetzt die Tür schließen, sonst wird mir noch das ganze Haus kalt.
Herr Felix: Aber gern, schließen wir die Tür. Kommt schnell herein.
Nun stürzen alle an Herrn Schwarzhut vorbei und hinein ins Haus. Sie bewundern die schönen Zimmer, die Möbel, Teppiche, Lampen, Sessel. Der Hund schnüffelt, springt aufs Sofa und hopst. Die Katze will auf den Tisch und ruft: Frohe Weihnachten! Herr Schwarzhut stößt sie fort und jagt den Hund vom Sofa. Die Maus ruft: Wo ist der Käse? Herr Schwarzhut ruft: Ich verliere noch den Verstand. Frau Felix zeigt den Kindern die Spielsachen an den Tannenzweigen. Wo sind unsere Geschenke? rufen die Kinder. Wann gibt es etwas zu essen? ruft Herr Felix. Oh du fröhliche, singt der Kanarienvogel. Herr Schwarzhut ruft: Freiheit! Skandal! Unverschämtheit! Er will die Polizei rufen, der Hund aber hat das Telefonkabel durchgebissen. Bis Herr Schwarzhut schließlich, am Ende seiner Kraft, sich mit seinen Gästen abfindet. Und auf einmal beginnt er sogar, ganz langsam, Vergnügen an den Kindern und an den Tieren zu finden und auch daran, dass Frau Felix das Essen richtet. Die Kinder hatten es entschieden: der Weihnachtsabend von Herrn Schwarzhut nahm ein fröhliches Ende. Und die Zuschauer klatschten und klatschten.
Als nun die Tage vorbei waren und der schönste Tag gekommen war – als gar nichts mehr zu tun war, weil alle Briefe ge-

schrieben, alle Plätzchen gebacken, alle Päckchen gepackt waren und alle Zimmer so ordentlich dastanden, als seien sie wie neu – als es niemanden mehr gab, der es eilig hatte und niemand mehr ungeduldig zu sein brauchte, weil es ja nun bald soweit war, sehr bald, der Tag wurde schon dunkel – als der Vater sich zu Leo und Lena ins Zimmer setzte und lächelte: Jetzt gleich ist es soweit – und doch noch einen Blick in die Zeitung warf und plötzlich sagte: das ist aber schlimm, sehr schlimm, und Leo und Lena vorlas, dass ein Junge nun schon seit Tagen vermisst werde, dass man ihn suche und nicht finde und Lena fragte, ob sie denn nicht alle helfen sollten, ihn zu suchen und auch Leo auf einmal vergessen hatte, worauf sie warteten und sagte: Wenn wir alle suchen, so müssen wir ihn doch finden und der Vater erklärte, dass sie doch gar nicht wüssten, wo sie anfangen sollten zu suchen – da ging die Mutter, die nichts von dem Jungen gehört hatte, den Lena und Leo suchen wollten, in das Zimmer, dass so lange verschlossen war und sah sich noch einmal um. Da stand der Baum, groß und breit und bunt und alles Geheimnisvolle hatte seinen Platz. Langsam begann sie, die Kerzen anzuzünden und wie jedes Jahr in diesen Augenblicken fiel ihr ein, dass sie sich als Kind vorgestellt hatte, wie das Christkind mit allem Spielzeug durch verschlossene Fenster fliegen konnte, ohne dass es auch nur ein einziges Mal geklirrt hätte. Sie hatte sich das Christkind so groß vorgestellt, wie sie selber war, nur um so vieles schöner, in einem weißen Pelzmäntelchen, genauso eins wie sie es besaß. Doch mit silbernen Schuhen, die sie nicht besaß. Und mit Flügeln natürlich, mit Flügeln. Leo und Lena, so dachte sie, kamen gar nicht auf den Gedanken, sich so etwas vorzustellen und das tat ihr ein ganz klein wenig leid. Da nahm sie die kleine Glocke, die nur einmal im Jahr klingelte und machte die Tür weit auf.

Gudrun Pausewang
Der oberste Brief auf dem Stapel

Ulrikes Mutter gehört die Boutique auf dem Marktplatz. Ulrike schaut Mutti manchmal zu, wie sie Blusen und Röcke, Schmuck und Handtaschen verkauft. Mutti ist dann ganz anders als daheim, viel freundlicher und geduldiger. Aber für Ulrike hat sie auch dort wenig Zeit. »Die Kundschaft geht vor«, sagt sie immer und Ulrike sitzt in der Ecke, halb versteckt hinter einem Kleiderständer und macht dort ihre Hausaufgaben. Das ist immer noch besser als daheim allein in der leeren Wohnung sein. Vati ist ja nicht mehr da. Vati und Mutti haben sich scheiden lassen.
Nur sonntags ist Mutti den ganzen Tag daheim. Da ist die Boutique geschlossen.
»Hilfst du mir?« fragt Mutti an einem Adventssonntagvormittag und packt eine große Schachtel aus. Sie zählt: einhundertzwanzig Weihnachtsgrußkarten, einhundertzwanzig Umschläge mit dem Aufdruck USCHIS BOUTIQUE, AM MARKTPLATZ 3. Uschi ist Mutti.
Und nun setzt sich Mutti an ihre Schreibmaschine und kramt aus ihrem Schreibtisch eine Liste mit vielen, vielen Adressen. Dann schreibt sie auf jeden Umschlag eine andere Adresse und zum Schluss schreibt sie mit dem Parker, den ihr Vati zur vorletzten Weihnacht geschenkt hat, ihren Namen auf jede Karte. Einhundertzwanzig mal. Sie stöhnt dabei.
Ulrike muss in jeden Umschlag eine Karte stecken, ganz vorsichtig dass nichts reißt, nichts knickt, nichts schmutzig wird. Einhundertzwanzig mal EIN FROHES WEIHNACHTSFEST UND EIN GLÜCKLICHES NEUES JAHR WÜNSCHT IHNEN USCHI BEHR, einhundertzwanzig mal ein Foto von der Bou-

tique, daneben ein Tannenzweig und der Stern von Bethlehem.
»Schicken die dir auch alle einen Weihnachtsgruss?« fragt Ulrike.
»Aber nein«, antwortet Mutti. »Höchstens drei oder vier. Die meisten, die so einen Brief bekommen, schauen nur auf den Absender, dann werfen sie ihn in den Papierkorb. Es sind halt Kunden. Die sollen bei mir kaufen. Ich muss sie immer wieder an meine Boutique erinnern. Deshalb die ganze Plage.«
Sie schaut auf die Uhr. »Schon halb zwei!« ruft sie erschrocken und schiebt zwei Fertigmenüs in den Mikrowellenherd.
Nach dem Essen ist Mutti von der Adressen- und Unterschriftenschreiberei so erschöpft, dass sie sich einen langen Mittagsschlaf gönnt.
»Kleb' noch die Marken auf«, sagt sie zu Ulrike, bevor sie in ihrem Zimmer verschwindet.
Ulrike klebt nachdenklich eine Marke auf jeden Umschlag. Endlich liegt der Stapel fix und fertig auf Muttis Schreibtisch: Immer zehn Briefe längs und zehn Briefe quer, damit er nicht umkippt. Er überragt alles andere auf dem Schreibtisch, außer der Lampe.
Ulrike möchte jetzt keinen Mittagsschlaf halten. Sie geht in ihr Zimmer, schneidet sich aus einem Blatt ihres Zeichenblocks eine Karte, genau so groß wie die Karten, die sie in die Umschläge geschoben hat. Darauf schreibt sie mit ihrer schönsten Schrift:

Liebe Mutti,
ich hätte so gern viel Zeit mit Dir.
Aber ich weiß ja, dass das nicht geht.
Ich wünsche Dir ein frohes Weihnachtsfest und ein gesegnetes Neues Jahr!
Bitte wirf diese Karte nicht in den Papierkorb. Ich geb mir so viel Mühe mit ihr, weil ich dich lieb hab.
Ulrike

Und sie malt mit Filzstiften ein Bild darunter: sich selber in der schönen neuen Latzhose. Unter ihren Füssen ist ein Tannenzweig und über ihrem Kopf strahlt der Stern von Bethlehem.
Zur Kaffeezeit kommt die Mutter wieder aus dem Schlafzimmer. Sie ruft Ulrike. Niemand antwortet. Die Mutter schaut ins Kinderzimmer. Ulrike liegt auf ihrem Bett und schläft.
Leise schliesst die Mutter die Kinderzimmertür und geht ins Wohnzimmer. Auf ihrem Schreibtisch findet sie jetzt einhunderteinundzwanzig Briefe. Der oberste Brief auf dem Stapel hat eine handgeschriebene Adresse und als Absender steht nur *Ulrike*.

Gudrun Mebs
Annas Geschenke

Weihnachten war schön gewesen.
Aber Weihnachten ist schon lange vorbei.
Mindestens vier Tage.
Anne sitzt in ihrem Zimmer und kramt in ihren neuen Spielsachen herum. So viel hat sie geschenkt bekommen. Tolle Sachen. Solche, die sie gut brauchen kann. Und auch solche, die sie nicht so gut brauchen kann. Den Ball zum Beispiel, den braucht sie nicht. Sie hat ja schon vier Bälle. Ein Bilderbuch hat sie gleich zweimal bekommen. Und den Holzpuzzle-Papagei, den hat sie sofort zusammensetzen können. Das ist doch was für Babies. Ja, und auf dem Nachteller lagen ziemlich viele Marzipanschweine. Marzipanschweine mag Anne aber nicht. Aber sonst lagen wirklich tolle Sachen unterm Christbaum. Eine Ski-Brille, ein Haufen Indianer, eine Taschenlampe und ... und ... und am allerschönsten, überlegt Anne, war doch die Bescherung. Beschert kriegen ist herrlich. Das Warten vor der Tür, dann klingelt's leise, dann geht die Tür auf ... Zuerst sieht man bloss den Lichterbaum und dann die Geschenke. Viele! Ein herrliches Gefühl.
Anne seufzt. Schade, dass es schon vorbei ist, die Bescherung. Beschenkt werden ist das Allerschönste. Aber es geht immer so schnell vorbei. Das Christkind könnte ruhig öfter vorbeikommen. Und beschenken.
Jetzt zum Beispiel. Wo es gerade ein bisschen langweilig ist.
Missmutig lässt Anne den überflüssigen Ball hopsen. Vielleicht könnte sie ja nochmal Weihnachten spielen? Nur so für sich? Geschenke aufbauen, rausgehen, klingeln, reinkommen, staunen ... aber sich selber beschenken, das ist doof.
Anne denkt nach.

Man müsste für jemand anderes Christkind spielen. Und Geschenke aufbauen ... aber für wen? Die Mama hat keine Zeit, das weiß Anne. Der Papa auch nicht. Der ist sowieso auch gar nicht da.
Da fällt ihr plötzlich etwas ein. Die alte Frau Schrimpel! Die so schlecht laufen kann und ganz alleine unter ihnen wohnt. Die hat doch mal gesagt, sie freut sich nicht auf Weihnachten. Sie kriegt sowieso nie Geschenke. Das Christkind käme ja doch bloss zu den Kindern.
Anne springt auf. Das ist doch die Idee! Sie beschenkt die Frau Schrimpel. Jetzt gleich! Wird die sich aber freuen!
Schnell zieht Anne ihr Nachthemd über. Das, was noch ein bisschen zu groß ist. Sie nimmt den überflüssigen Ball, den Holzpuzzle-Papagei, das doppelte Bilderbuch. Die Marzipanschweine sucht sie auch noch aus dem Naschteller zusammen, und so beladen marschiert sie die Treppe runter. Und klingelt bei der Frau Schrimpel.
»Ja was!« sagt die, als sie Anne im Nachthemd und vollbepackt vor sich sieht. Anne sagt nichts, sondern marschiert geradewegs in Frau Schrimpels Wohnstube. Dort kommandiert sie: »Umdrehen. Nicht herschauen! Geschenke gibt's!«
Rasch baut sie die Sachen auf dem Tisch auf und ruft: »Klingelingeling, umdrehen!«
Als die verblüffte Frau Schrimpel näherhumpelt, sagt sie: »Ich bin das Christkind, freuen Sie sich?« Sie zeigt auf die Geschenke und macht ein stolzes Gesicht.
Die Frau Schrimpel sagt erst mal gar nichts. Sie tappt zum Tisch. Tupft zittrig auf den Ball. Hebt den Papagei hoch und dreht ihn unschlüssig in den Händen.
»Sie müssen sich jetzt freuen!« drängelt Anne und hält das Bilderbuch hoch.
»Aber Weihnachten ist doch lang vorbei«, stottert die Frau Schrimpel und setzt sich schwerfällig hin. »Macht doch nichts«,

sagt Anne und schüttet ihr alle Marzipanschweine in den Schoss.
»Macht doch was«, sagt die Frau Schrimpel und schüttelt den Kopf, »Feste soll man feiern, da wo sie hingehören!«
Anne schaut verwundert. Die Frau Schrimpel freut sich ja gar nicht. Aber auch kein bisschen.
Sie greift mit ihren wackeligen alten Händen nach dem Ball, der sofort zu Boden springt und davonkullert. Sie schaut mit kurzsichtigen Augen auf das Bilderbuch. Sie greift nach einem Marzipanschwein, beißt vorsichtig hinein und lässt es wieder. Das Schwein ist zu hart für ihre alten Zähne ...
»Ich dank' auch schön!« sagt die Frau Schrimpel und lächelt Anne freundlich zu, »geschenkt bekommen ist immer schön, nicht wahr?«
Da schämt sich Anne plötzlich. Aber auch gleich so, dass sie puterrot wird. Sie steht da und wär' am liebsten weg.
»Bleibst du noch ein bisschen?« fragt die Frau Schrimpel und schaut noch immer die rote Anne an. »Ich freu' mich so über Besuch!« Anne nickt, noch immer rot im Gesicht. Und endlich fällt ihr auch was ein.
»Ist Besuch machen auch ein Geschenk?« fragt sie und die Frau Schrimpel nickt und lacht: »Wie man's nimmt. Deiner schon!«
»Dann schenke ich ihnen Besuch. Meinen!« ruft sie und ist sehr erleichtert.
»Und ich koche uns einen Kakao, willst du?« fragt Frau Schrimpel und humpelt schon in die Küche.
»Klar«, ruft Anne hinterher und setzt sich an den Tisch. Und dann ruft sie noch schnell hinterher: »Aber im nächsten Jahr, da komme ich wieder als Christkind. An Weihnachten, ja?«

Der Tannenbaum

Gar fern am stillen Waldessaum
Da steht ein junger Tannenbaum,
Der Wind streicht durch sein grünes Kleid -
Wie lange wird ihm doch die Zeit!

Da plötzlich kam zum grünen Tann
Mit blanker Axt ein finst'rer Mann,
Der schlägt die zarte Tanne um,
Sagt nicht wohin und nicht warum.

Der hat sie auf den Schlitten sacht
Zum Christmarkt in die Stadt gebracht,
Wo bunt die Leut des Weges wandeln,
Ein reicher Herr tat sie erhandeln.

Und als der heilige Abend war,
Da jubelt laut die kleine Schar,
Da strahlt der Christbaum hell von Kerzen,
Voll Spielzeug und voll Zuckerherzen.

Das Zuckerzeug war bald verzehrt,
Da ward der Christbaum abgeleert,
Wehmütig steh'n herum die Kleinen:
Auf's Jahr erst gibt es wieder einen.

Drei Tage nach dem heil'gen Christ,
Da lag er draußen auf dem Mist,
Der Wind strich durch sein grünes Kleid,
Dahin – ist alle Herrlichkeit.

(Verfasser unbekannt)

Irmgard van Faber du Faur
Das Kind begegnet dem Igel

Das Kind begegnet dem Igel.
»Guten Tag, Igel«, sagt das Kind. »Wo warst du denn den ganzen Winter lang?«
»Ich hab den Winter lang geschlafen«, sagt der Igel.
Das Kind sagt: »Den ganzen, ganzen Winter lang hast du geschlafen?«
»Ja, warum nicht?« sagt der Igel, »da ist doch nichts Schönes.«
»Armer Igel, dass du geschlafen hast«, sagt das Kind, »Weihnachten war doch im Winter, Christkinds Geburtstag!«

Quellenverzeichnis

S. 10f., aus: Elisabeth Zöller/Lilo Fromm, Das Weihnachtshaus. Ein Adventskalender zum Vorlesen und Ausschneiden, © Verlag Ernst Kaufmann, Lahr 1955.
S. 12ff., aus: Tilde Michels, Das alles ist Weihnachten, dtv junior, München 1974, © Tilde Michels, München.
S. 16f., aus: Wolfram Eicke, Der Nikolausstiefel, Verlag Heinrich Ellermann, Hamburg 1987.
S. 18f., aus: Elisabeth Zöller/Lilo Fromm, Das Weihnachtshaus. Ein Adventskalender zum Vorlesen und Ausschneiden, © Verlag Ernst Kaufmann, Lahr 1955.
S. 20f., © Detlev Block, Bad Pyrmont.
S. 22f., © Alfons Schweiggert, München.
S. 24ff., aus: Barbara Cratzius (Hg.), Die schönsten Weihnachtsgeschichten zum Vorlesen, Loewe Verlag, Bindlach 1997. © Renate Welsh, Wien.
S. 27ff., aus: Tilde Michels, Das alles ist Weihnachten, dtv junior, München 1974, © Tilde Michels, München.
S. 30ff., aus: Isolde Heyne, Leselöwen. Christbaumgeschichten, Loewe Verlag, Bindlach 1990.
S. 33ff., © Gina Ruck-Pauquèt, Bad Tölz.
S. 37ff., © Fried Noxius, Brühl.
S. 40ff., aus: Janosch, Das große Janosch-Buch, © 1976 Beltz Verlag, Weinheim und Basel, Programm Beltz & Gelberg, Weinheim.
S. 43ff., © Detlev Block, Bad Pyrmont.
S. 46f., © Gudrun Pausewang, Schlitz.
S. 48ff., aus: Neue wahre Weihnachtsgeschichten, © 1986 by Annette Betz Verlag, Wien - München.
S. 51f., aus: Bartos-Höppners Weihnachts-ABC, Loewe Verlag, Bindlach 1982.
S. 53ff., © Hans Joachim Uhle, Wald-Michelbach.
S. 58ff., aus: Selma Lagerlöf, Christuslegenden, übersetzt von Maria Franzos, © by Nymphenburger in der F.A. Herbig Verlagsbuchhandlung GmbH, München.
S. 62f., © Gudrun Mebs, München.
S. 64ff., aus: Barbara Cratzius (Hg.), Die schönsten Weihnachtsgeschichten zum Vorlesen, Loewe Verlag, Bindlach 1997.
S. 68ff., © Jürgen Banscherus, Witten.
S. 80, © Josef Guggenmos, Irsee.
S. 81ff., © Gertrud Fussenegger, Leonding/Österreich.
S. 85ff., (Titel redaktionell), aus: Elisabeth Borchers, Das Adventsbuch, © Insel Verlag, Frankfurt am Main 1979.
S. 88ff., © Gudrun Pausewang, Schlitz.
S. 91ff., © Gudrun Mebs, München.

Trotz intensiver Bemühungen war es dem Verlag leider nicht in allen Fällen möglich, den jeweiligen Rechtsinhaber ausfindig zu machen. Für Hinweise sind wir dankbar. Rechtsansprüche bleiben gewahrt.